为·师·授·业·丛书

授业篇：

教学考试与评价

上

赵建阳◎编著

中国出版集团

现代出版社

图书在版编目（CIP）数据

教学考试与评价（上）／赵建阳编著. —北京：现代出版社，2014.1
（为师授业丛书. 授业篇）
ISBN 978-7-5143-2164-7

Ⅰ. ①教… Ⅱ. ①赵… Ⅲ. ①考试制度－研究－中国②教育
制度－教育评估－研究－中国 Ⅳ. ①G424.74②G522

中国版本图书馆 CIP 数据核字（2014）第 017960 号

作 者	赵建阳
责任编辑	王敬一
出版发行	现代出版社
通讯地址	北京市安定门外安华里 504 号
邮政编码	100011
电 话	010－64267325 64245264（传真）
网 址	www.1980xd.com
电子邮箱	xiandai@cnpitc.com.cn
印 刷	唐山富达印务有限公司
开 本	710mm×1000mm 1/16
印 张	16
版 次	2014 年 4 月第 1 版 2023 年 5 月第 3 次印刷
书 号	ISBN 978-7-5143-2164-7
定 价	76.00 元（上下册）

目　录

第一章　中国教育与评价体系

第二章　教学评价概论

第三章　中国考试体系

第四章 考试评价概论

第一章 中国教育与评价体系

第一节 主要时期教育与评价体系的演变

古代中国开创了以封建科举制度为主要标志的教育测验的先河。这种制度对世界各国公务员的录用考试均产生了很大影响。20世纪初，科举制度废止之时，正值西方教育测量运动兴起，西方教育测量理论很快就传入中国，中国一些学者结合本国实际也做了一些研究和实践工作。遗憾的是，20世纪30年代以后，由于日本帝国主义的侵略，中华民族处于危难之中，教育评价研究也就中断了，泰勒的"八年研究"成果也未能及时介绍到中国来。1949年后，由于众多的原因，教育评价研究也未能得到重视。1977年中国恢复高考制度以后，为了迅速地提高学校的教学质量，根据教育实践的需要，教育评价研究和实践才逐步地得到了恢复和发展。

一、中国古代的教育评价（606～1905年）述评

中国作为世界的文明古国，孕育了丰富的教育思想。许多现代教育思想，都可以在古代中国找到其最初的萌芽，教育评价思想也

不例外。早在战国时代的《礼记·学记》中便有对学生管理和考核的规定与要求。自隋炀帝大业二年（606 年）置"进士科"开始的科举取士、分科选拔、逐级考试，在考生来源、考试科目与方法、录用程序等方面都形成了一套较完备的制度，这也可以看作有系统的教育评价活动的萌芽。

科举制生发于中国古代，对世界文明产生过重大影响。它开创了人才测评选拔的新纪元，在教育评价史上具有特别重要的作用和地位。科举制度源于中国的西汉察举，形成于隋唐，经宋、元、明时代的发展演化，至清代在方法上已甚是完备。虽然，科举制发展到末期因内容陈腐、权贵干预和沦为统治者营私结党的工具等等弊端。从内容、体制等方面看，严重阻碍了社会的进步，作为封建王朝选士制度的科举就在清朝行将灭亡的前夕，正式退出了历史舞台。但是，科举制的产生是社会政治、经济以及教育发展的必然。科举制的问世，是中国和人类教育领域乃至政治、文化领域的一件大事，它开创了人才教育的评价、选拔的新纪元，并以其鲜明的特点、强大的生命力和作用力对中国和人类社会的发展产生了极为深远的影响。它对今天的教育评价仍有积极意义的借鉴价值，这是现代（西方）教育评价本土化的生长点。中国古代教育评价的现代借鉴意义表现在如下方面。

（一）教育评价是追求教育公平的主要手段

隋王朝统一中国后，立即着手改革，以巩固其政权，吏制自然首当其冲。文帝为了抑制门阀势力，于开皇三年（583 年）废除了九品中正制，结束了门阀士族独霸仕途的局面。在隋炀帝大业二年

（606 年）开设了进士科为新的常科科目，开辟了庶民跻身政界的渠道，科举制度始见雏形。由于隋末连年战争，使得唐初人才十分匮乏，政府机构"官不充员"，统治者急于搜罗人才，于是唐高祖武德四年（621 年）下诏书，恢复了以往的明经、秀才、俊士和进士等科的考试，第二年又诏令规定士人可以"自举"，国家设科公开招考。

科举制度作为一种崭新的评价选拔人才的制度，从此生机勃勃地登上了历史舞台，确立了中国古代教育评价的基本形式。科举制采取"怀谍自进"的方式，允许各方人士自由报名参加，而在选拔时，则必须经过国家统一考试，按考试成绩高低决定取舍的准则，任何人不得例外，对世卿世禄、依据门第关系的举官方式进行了否定。这样，一方面把仕途大门向不同阶层的人全面开放，同时通过考试评价手段加以选拔，"一切以程文为去留"，分数面前人人平等，体现了竞争的公平性。虽然在封建社会不会做得彻底，但这在当时却是独一无二的，就是千年之后传入西方时，仍不乏其先进性，并对西方贵族政治产生了革命性的影响。自由报考公平竞争的科举制，倡导的人才评价选用的开放性、公平性和民主性精神，正是现代社会进步的方向，也是现代社会发展要追求的主流目标。

（二）教育评价的管理和方法要追求科学化

科举制以其严格的管理和先进的方法，在教育评价史上留下了极为光彩夺目的一页。唐代科举制中有常科和特科考试，以常科为主。常科考试分两步进行。一是预选性的考试，称为"解送试"。二是报考者预选通过后方可参加第二步的全国性正式考试，即省试。解送试分别在地方和学校中进行。应举的士子参加地方举行的解送试需先到所在县报名，填写履历和家状，然后参加高级行政区划单位州（府）试。州（府）试一般在秋季进行，各科及第者经刺史或府尹审批写好举状后，解送中央尚书省礼部参加省试。由州（府）举送应试的士子称为"乡贡"。解送试的另一条生员途径直接来自学校。

省试为全国性最高级考试，由国家最高行政官署——尚书省所下设的吏部后改为礼部主持，省试由此得名。主持省试的官员称为"知贡举"。知贡举官受崇高的礼遇，但若有作弊行为，则要受到惩处。国家规定了亲属赴试的回避制度，当主试官的亲属参加科考时，实行"别头"试，即另派吏部考功员外郎主持对其亲属的考试，并由吏部侍郎审定。省试一般在京师长安举行。作为常科考试的补充还有依皇帝特诏举行的特科，即制举考试。制举及第，可不经吏部试直接续任，由中书门下直接放官。在科举考试中，无论是常科还是制举，考场管理都很严格。另外，唐代科举还创立了糊名之法。武后当政之初（685～690 年），曾令吏部铨选时将参考者的姓名掩盖起来进行判卷，以提高评分信度，杜绝不实舞弊现象。虽然此法在唐代未成定制，但却为后世的糊名密封制开了先河，而且至今仍在采用。可见，科举考试在唐代已有非常严格的组织系统和管理制度。

唐代科举考试方法主要有四种：帖经、问义、策问、诗赋。这些方法在当时是非常先进的，它以强大的生命力延续下来，现今不少方法即出于此。帖经——将所考经书的某页，遮掩两端仅露一行，再用纸帖盖此行的三五字，让考生填写。此法即为今天的填空题的前身；问义——这是一种对经义的简单问答，相当于现今的简答题，但主要检查考生背诵经书的情况；策问——这是一种考生可以根据自己理解进行论证发挥的问题。其上承汉代策问贤良等方法，后继现时的论述题、详答发挥题；诗赋——诗赋出自进士科的杂文考试。唐科举所用诗体是一种律诗。题目由知贡举官拟定，律诗要求五言六韵十二句。用韵由知贡举官限定，有时也有考生自定的情况。诗赋取士为唐诗发展起了重要的推动作用，使其在中国文化史上产生了深远影响。

（三）教育评价的方式要追求多样化

唐代常科考试科目繁多，不下十余种，考生可根据自己的情况从中选择某科报考。下面简要介绍几种主要的考试科目：进士科——进士科是唐代科举考试中最主要的科目，始于隋代，隋炀帝大业二年开始置进士科，唐承隋制。唐代进士科的考试项目、内容及标准，前后有一定变化和发展。开始只有试策和帖经，永隆二年（681年）增加杂文，以后虽小有出入，但基本上确定为三场考试定取舍的格局，即帖经、杂文及试策；明经科——在唐代，明经科是进士科之外的一个重要科目，承汉察举而来。考试内容为儒家经学。经学有大经、中经、小经之分。其中大经为《礼记》和《左传》，中经为《毛诗》、《周礼》、《仪礼》，小经为《周易》、《尚书》、《公羊传》和《谷梁传》，以上合称"九经"；童子科——沿袭汉察举，唐代在科举中复设童子科，并有所发展。在考试内容、方法、要求等方面更为明细具体。初始规定10岁以下，后改为十一二岁以下方能报考。在儿童的早期教育与评价以及超常儿童的培养与选拔等问题上，有如此完善的方法和制度，这在世界教育评价史上是独树一帜的。唐代的童子科在科举制中被延续下来，并发挥了一定作用。除以上考试科目，唐代科举还有考方略策的秀才科，考法律的明法科，考书法的明字科，考算术的明算科，以及俊士、开元礼、史科、医科、武科等等，在此不再赘述。

（四）教育评价要与学校教育活动配套衔接

国家选拔人才，采取公开招考的办法，以学问才识论高下，特别是规定学校毕业生可以直接举送参加国家考试，这对学校教育发展产生了重要影响。不仅在教学内容上按照科举考试科目设置课程，而且在学校教育评价的方法上，也仿照科举的做法，注重帖经、问义、策论等的训练。这使得教育评价方法在更加广泛的领域里得到应用并进行研究。自安史之乱国子监遭受严重打击后，唐代学校教育有所下降。但唐代开创的科举与学校紧密结合的做法为后来二者完全合一奠定了基础。

二、中国近代的教育评价（1905~1949年）述评

古代中国所萌发的教育评价思想的嫩芽，却因种种原因，并未能在20世纪伴随着西方教育测量和评价运动而率先成长发展起来。1905年中国废止承袭已1300年的封建科举制度之时，正值西方教育测量运动方兴未艾，在内与外、主动与被动两种力量的共同作用下，西方教育测量的理论很快就传入了中国，并进而在20世纪二三十年代形成了中国的教育测量运动。纵观近代中国的教育评价活动，可分作四个时期加以考查：

（一）清末民初的教育评价活动是中西教育评价思想的碰撞

鸦片战争后，中国思想界发生了急剧的变化，改良主义思潮逐渐形成并发展，终于出现了百日维新的改革。清政府为了维护其摇摇欲坠的统治，不得不于1901年开始推行新政。其中，教育方面也做出了某些改革，实行所谓"新教育"，设立新学堂，建立新的学制，这一方面加速了科举制的衰亡，同时促使了新的测评制度的出台。

德宗光绪于1903年，颁布《奏订学堂章程》，明确学制为初、中、高三段并7级，对各级各类学校培养目标做出了具体规定，对一些专业领域提出了具体专业素养要求，如规定初等小学的培养目标为"启其人生应有之知识，立其明伦理爱国家之根基，并强调儿童身体，令其发育"，以此为依据对学生测评。对学校的测评考试及评定标准也作了明确规定：学堂考试分不定期的临时考试及学期、年终、毕业、升学等5种考试形式。这样，在本世纪初，与封建科举制并存又出现了新教育下的教育测评制度。为了加强对教育的管理和督察，清末建立了督导制度，并设立相应机构。1905年清政府在下令停止科举的同时，成立了学部，作为统辖全国教育的行政机关。

辛亥革命结束了中国长达两千多年的封建君主专制政权，南京临时政府教育部对清末封建教育制度进行了改革。伟大的五四运动，使国民思想空前解放，西方教育思想大量涌入。中国早期的教育理论工作者翻译引进了国外的测验量表。1922年费培杰首先将比纳的1911年智力测验量表译成中文，1924年陆志伟又发表了修订的斯坦福—比纳量表等；自编各种测验相继出现。1931 年成立了中国测量学会，开展测验理论研究，全国各大学教育系和中等师范学校普遍开设了教育测量学的课程；理论研究取得了进展。

（二）新民主主义革命时期解放区的教育评价活动实践了教育评价的发展性

自中国共产党从成立起，就十分重视教育工作，及时制定了教育纲领，从社会教育、政治教育和学校教育三个方面提出了明确的教育目标和要求，作为发展教育的方向和评价教育的准则。中国共产党的教育纲领集中反映在社会主义青年团第一次全国代表大会通过的《关于教育运动的决议案》中。新民主主义的教育纲领在日后的革命斗争中，得到了进一步发展和完善。1934 年 1 月，毛泽东在第二次全苏区工农兵代表大会的工作报告中又明确指出了苏维埃文化教育总方针，"在于以共产主义精神来教育广大的劳苦大众，在于使文化教育为革命战争与阶级斗争服务，在于使教育与劳动联系起来，在于使广大中国民众都成为享受文明幸福的人"。苏维埃文化建设的中心任务，"是厉行全部的义务教育，是发展广泛的社会教育，是努力扫除文盲，是创造大批领导斗争的高级干部"。为中国共产党领导下的苏区教育及后来的革命根据地的教育工作指出了方向和评价要求。

中国人民抗日军政大学（简称抗大）是贯彻党的教育方针的典范。依据党的教育纲领，抗大确立了"坚定正确的政治方向，艰苦奋斗的工作作风，机动灵活的战略战术"的教育方针。在教育测评方面，积极改革考试方法，开展富有创造性的教育测评活动。首先，转变测评思想，把考试作为推动学习、检查教学和学员学习情况的一种手段。同时在考试方法上进行改革，其具体作法为：（1）改革书面考试。（2）加强了实际斗争中的考试。抗大在考试方式上不仅采取书面考试方法，还十分注重在实际斗争中考查学员的水平。为此，抗大组织学员参加各种现实斗争，通过实地斗争进行测评。评价方法的创新，有效地克服了"分数主义"、"锦标主义"、"及格主义"，促进了学员学习的主动性和积极性。

（三）国民党政府的毕业会考制度实践了教育评价的制度性

1932 年 5 月，国民党政府教育部公布了《中小学毕业会考暂时规定》，要求各中小学应届毕业生，在原学校考试及格的基础上参加各省县市教育行政机关组织的会考，"会考非各科皆能及格不得毕业"，并对不及格者的复试、补习等做出规定。1937 年 12 月又公布了《中学学生毕业会考规程》，该规程对前面的规定进行了调整，废止小学生毕业会考，取消体育会考科目，规定成绩合成方法为"以学校各科毕业成绩占 40%，会考成绩占 60%，合并算之"。1935 年 4 月颁布《修正中学学生毕业会考规程》和《师范学校学生毕业会考规程》。1940 年 5 月，教育部又通令专科以上学校，从 1941 年起，毕业考试改为"总考制"，除第 4 学年的课程外，还"须通考其以前各年级所习专门主要课程三种以上"，不及格者不得毕业。这样，中学以上的各级各类学校的毕业会考皆有了明文规定。

三、中国现代的教育评价（1949 年）述评

（一）中国教育评价研究停滞导致实践活动无序徘徊

新中国成立之初，中国全盘照搬苏联的教育。在教育评价研究

上，中国经过 20 世纪二三十年代教育测验运动而积累的研究人才、方法、技术、资料等诸多宝贵成果，却又在 20 世纪 50 年代初、中期全盘学苏联的热潮中，统统被贴上"资产阶级"的标签而全遭否定。在这种形势下，当时西方正蓬勃发展、日渐成熟的教育评价研究和理论自然又不可能被引进中国。此时中国的教育评价研究，实际上主要是学习以五级分制为核心的苏式成绩考评法。20 世纪 50 年代末期，中苏两国关系破裂，苏联式的考评方法被批判后，中国的教育评价研究陷于无所适从的困境而被迫中断。"文化大革命"时期，高等学校的正常招生被中断了 6 年之久。1972 年起，大多数高等学校开始恢复招生，主要是招收具有两年以上实践经验和初中毕业以上文化程度的工农兵学员，取消了文化考试，实行"自愿报名、群众推荐、领导批准、学校复审"的办法。此时，教育评价研究没有任何进展。1977 年恢复高考，教育评价研究已中断了 20 年。

（二）中国教育评价研究是实践活动发展的需要

1977 年中国恢复高考，并对高等学校的招生制度进行了改革。新的招生制度采取"自愿报名，统一考试，地市初选，学校录取，省、市、自治区批准"的办法。全国统一招生制度恢复后，迫切需要教育评价研究的发展和教育评价活动的开展。一是反思历史、重建秩序需要及时做出评价；二是需要对教育改革及成果做出科学评价；三是国外教育评价实践和理论发展的影响。

从 20 世纪 80 年代初开始，中国的许多教育期刊陆续译介了国外及中国台湾地区有关教育评价的文章及专著，邀请外国教育评价专家来中国讲学。这些活动全面介绍了世界教育的动向、发展趋势以及国际教育评价研究与实践活动的动态，加强了中国同国外教育评价界的联系和交流。随着教育改革和发展的深入，在系统引进和学习国外教育评价理论和方法的基础上，教育评价实践活动在全国有组织地展开。1984 年中国正式签署了入会文件，加入"国际教育成就评价协会"。1985 年 5 月，中共中央颁布了《中共中央关于教育体制改革的决定》，明确提出要对教育进行评价的问题。于是，在全国开展了教育评价研究和试点工作、探索评价规律，建立评价理论和方法体系，为评价工作的全面展开铺路。在教育评价研究和试点工作以及国内外各种学术交流活动的基础上，出现了一批教育评价研究成果，出版和发表了一批著作和论文，初步形成了具有中国特色的教育评价理论和方法体系。创办了第一本教育评价的专业杂志——《中国高等教育评估》。

（三）教育评价研究专业化与实践活动制度化相伴随

1990 年 11 月和 1991 年 4 月，原国家教委分别发布了《普通高等学校教育评价暂行规定》和《教育督导暂行规定》，使中国教育评价理论研究和实践活动进入了一个新的阶段，并逐步正规地开展教育评价工作，提高教育管理水平。在这个阶段，一是初步建立了教育评价制度，为在全国正规开展教育评价工作提供了制度保证。1993 年 2 月《中国教育改革和发展纲要》颁布，对教育评价的地位、作用有了明确的规定："建立各级各类教育的质量标准和评价指标体系，各地教育部门要把检查评价学校教育质量作为一项经常性的任务"。《中国教育改革和发展纲要》的出台，推动中国教育评价的理论研究走向深入；二是建立了全国性的教育评价研究组织，为在全国进行教育评价研究和实践提供了组织保证。1991 年 6 月，"中国教育评价研究协作组"成立，1992 年底，全国高等学校设置评议委员会成立。1993 年北京高等学校教育质量评议中心，1996 年上海教育评估事务所，1997 年江苏省教育评估院等教育评价中介机构的正式挂牌，标志着中国教育评价工作在理论层面已经步入了新阶段。三是国内外学术交流、研讨活动增多，教育评价研究成果层出不穷。1994 年 1 月，"中国教育学会高等教育评估研究会成立大会暨第五次学术讨论会"在长春举行。该研究会的任务是围绕中国高教评价的理论和实践问题，开展专题研究，提供专题咨询服务和组织国内外学术交流。并且，创建了全国首家高等教育评估事务所和创办了第二本教育评价专业性杂志—《教育评价》；四是国内部分高等学校已开始培养教育评价研究方向的硕士生和博士生。1994 年 7 月 29 日，受国务院学位委员会和国家教育委员会的委托，经中国兵器工业总公司批准，"高等学校与科研院所学位与研究生教育评估所"在北京理工大学成立。该所是受国务院学位委员会和国家教育委员会的委托，承担开展学位与研究生教育评价及有关咨询服务的事业性质的非营利性机构。评估事务所的成立，推动了教育评价理论研究和实践的进一步结合，也促使教育评价理论研究不断深入。嗣后，我国教育评价在反思历史、重建秩序、除旧布新的改革实践中，从引进和介绍海外的教育评价理论成果开始，逐步进入创建中国特色教育评价理论的持续发展时期。

第二节 传统文化对我国教育评价制度的影响

传统文化对我国教育评价制度的影响主要表现在三个方面，即大一统的思想观念对评价主体的影响，"官本位"文化对评价客体的影响和"德性"文化对评价方式的影响。大一统的思想观念形成了评价是政府来推动实施的现状，而"官本位"文化更进一步强化政府的评价主体作用，弱化了社会评价机构的作用，在评价方式上，"德性"的文化传统使得评价更多的是一种人文主义的评价模式，过分强调了评价的民主性和伦理性而忽视了评价以客观事实为基础的原则。

一、大一统的思想观念对评价主体的影响

"大一统"既是指中国长期形成的政治传统，也是指这种政治传统下形成的思想观念。

我国的传统文化明显带有专制色彩，其直接表现是"集权制"，这种思想反映在评价上，即评价主要由政府来实施，学校的好坏由政府说了算，社会既缺少一种参与管理学校的意识，也缺少这种管理的机制。

教育评价是"舶来物"，是民主的产物，它是作为一种管理方式引进的，到现在为止至多不过 20 年时间。教育评价源自于西方的大学自治，自中世纪起，大学便有自治的传统，尽管中世纪大学受到教会的赞助，并在某种程度上服从于教会的权威，但是学者们的"社团"采取措施以确保决定这种机构研究方针的权力掌握在教师的手中。

但是，随着工业革命的兴起，科学技术对生产力有极大的促进作用，政府和社会需要加强对高等教育的管理，使之更好地为社会服务，高等教育越卷入社会的事务中就越有必要用政治的观点来看待它，就像战争意义重大，不能完全教给将军们决定一样，高等教育也相当重要不能完全留给教授们决定。

此外，如果过度自治高等教育界同样会有其他专业组织的那种倾向，会不自觉地滑到自满的惰性、质量的内向标准以及行为的自我服务等规则上。

鉴于以上两种因素，政府为了既能保持对高等教育的管理，又能确保高等教育的自治，这样，教育评价作为政府和学校双方都能够接受的管理手段，通过社会专门教育评价机构而加以实施，政府通过教育评价专门机构实现了对高等教育的管理，评价结果与政府拨款挂钩；教育评价专门机构是评价的组织者，是评价的主体，是政府和学校之间的"缓冲器"。

在我国两千多年的文化教育中，形成了"罢黜百家，独尊儒术"文化教育专制政策，通过"科举制"实现了对教育的统一的集权管理。

解放以后，在计划经济体制下，我国集中有限的财力和物力办教育，促进了教育的发展，在对学校的管理上，实行的是统一领导和分级管理的方式。

改革开放以来，特别是我国实行市场经济以来，教育面临着新的挑战。

根据教育体制改革要求，基础教育由地方负责，实行分级办学分级管理的模式，对于高等教育，扩大高等学校的自主权，政府转变职能由微观管理转向宏观管理。教育评价作为一种管理的手段被提出来，首见官方文件是 1985 年《中共中央关于教育体制改革的决定》，指出："国家及其教育管理部门要加强对高等教育的宏观指导和管理。教育管理部门还要组织教育界、知识界和用人部门定期对高等学校的办学水平进行评价，对成绩卓著的学校给予荣誉和物质上的重大支持，办得不好的学校要整顿以致停办"。在此首次明确提出把教育评价作为教育管理部门宏观管理的手段，评价的组织和执行者是政府。

1993 年中共中央、国务院颁发的《中国教育改革和发展纲要》中又明确规定："建立各级各类教育的质量标准和评价指标体系。各地教育部门要把检查评价学校教育质量作为一项经常性的任务"。很明显，评价是政府的事，是教育管理部门的事，与西方不同，中国缺少一种政府和学校之间的"缓冲器"——专门性的教育评价机构。

但是，随着我国市场经济的深入，社会办学的兴起和扩大高等教育办学自主权等因素不断增强，政府已不宜直接介入评价，且由于政府职能的转换、人员的精简也无力进行直接的评价，并需建立专门性的评价机构，建立合理的教育评价体制。从现实情况来看，国内仅有的评价机构都隶属于教育行政部门，绝大多数吃的是"皇粮"，干的是政府的"活"，在研制评价指标体系、评价过程、评价结果三个方面没有独立性，都受到行政部门干扰和介入。

教育评价专门机构的存在，缺少一种文化氛围，也缺少一种政策的扶持，随着政府机关职能的转变，这种情况可能会有所改变，然而，社会评价的产生毕竟是从政府行政评价中分权过来的，教育行政职能部门不情愿、也不轻易把这种权力转移出来，这是目前我国现有的教育评价机构在走向专业化道路上所面临的主要矛盾。

二、"官本位"文化对评价客体的影响

专门性评价机构的存在，从评价机构自身来讲，还受到"官本位"文化的影响。有学者认为，中国文化整体上就是官本位文化，这种官本位文化把"官"作为衡量一个人价值的唯一社会尺度，整个社会形成了对官的崇拜，所谓"学而优则仕"、"弃商入仕"，这种"官本位"思想渗透到整个社会生活的每个角落。

"官本位"文化表现在现实中，便是"权力拜物教"。评价一个人事业的成功与否，以其官职大小来衡量；各种社会生活、政治待遇皆以官职大小分级享受；各级组织、企业，皆以行政级别的晋升为追求目标；各种职称、头衔均要折合成官衔；各种社会团体皆要官员担任名誉职务等等。这种情况反映到评价当中，对评价客体有极大的影响，目前的评价功能的发挥更多的是一种激励、导向的功能，达到以评促建、以评促改的目的。评价客体是"畏官"、"服官"的，对于官方开展的评价，从地方政府到被评学校都积极响应，评价活动得以顺利开展，达到预期目的。

从教育评价的实际运作来看，被评学校心理上也希望评价是由政府来开展的，这样，他们有理由向当地政府申报，引起地方政府的足够重视，给予被评学校以资金、物质和政策上倾斜，以达到评价的指标要求。反之，如果评价工作不是由政府推动，或者不具有官方背景，评价工作难以开展和推动，专门的教育评价机构缺少"官"的地位和气势，权威性不够，学校"敬重"、"服从"的可能性降低，这将会大大影响评价的效益。

评价客体之所以受到"官本位"文化的影响，是由于目前我国的教育体制决定的，我国办学以政府为主，绝大多数学校是公立的，学校还没有真正面向市场办学，学校的发展是和政府的重视联系在一起的，现在的教育评价是被动的，评价由政府通过"刺激"拉动起来的，评价的结果和政府的拨款、收费、荣誉等等挂钩，评价的目的是"以评促建，以评促改"，评价客体借助评价的外力促使自身各方面上台阶、上水平，这与西方不同，西方评价客体已从"要我评"转向了"我要评"的阶段，评价的目的在于找出自身发展的差距，以利于自身更好地发展，是一种"发展性评价"，此时的评价已从必然王国走向了自由王国。

三、"德性"文化对评价方式的影响

中外学者在研究文化时，都注意到了中西文化的差异："中国文化重主体、有道德心、重视直觉以及内心体验；西方文化重客体、有认知心、重视理智和客观成就"。

认为中国文化是"德性"文化，西方文化是注重科学主义的"工具理性"文化，中国传统文化强调人文精神、伦理道德、中庸和谐关系的"道德理性"文化，优点是重视道德对人格的养成，重视人际关系的和谐，走的"修身、齐家、治国、平天下"之路，梁淑溟曾一针见血地指出它的缺点："向来详于人事而忽于物理。务人事者，在修己安人"。这种传统文化对教育评价影响深远。

在教育评价的方式上，历史上也存在着两大主义之争——科学主义的教育评价和人文主义的教育评价的争论。科学主义的教育评价注重对教育的客观实证描述，力求客观、真实地反映教育客体，它的功能单一，忽视了教育评价的主体性的一面，形成了单一、凝固的教育价值观及指标体系，"抹煞了丰富的教育活动的多样性和教学的艺术性，从而挫伤了被评价者的积极性。"

而人文主义的教育评价针对科学主义评价的缺陷，提出"牺牲某些测量上的准确性换取评价结果对方案人员以更多的自由性"，追求评价的民主性和伦理性，把教育评价由单一的鉴定功能发展为具有导向、激励等功能，在这点上它是进步的，然而人文主义过分强调了主体性，特别是当它走向极端变成人本主义时，把人的主观性极度膨化，完全否认了教育评价是以事实为基础，否认了客观精神和科学技术的价值，从而陷入了唯心主义泥坑。

教育评价是一种价值判断，这种价值判断是在通过对教育客体收集信息的基础上完成的，教育测量是教育评价的基础，也就是说，事实判断是价值判断的基础，离开了对教育的客观实的描述，这种价值判断就变得无任何意义。

传统文化对评价者心理的影响是无意识的，评价中无论是评价者和被评者都存在着照顾"情面"的因素，教育评价往往更多的是一种人文主义的评价，重视评价过程中的民主性和伦理性，忽视测量在教育评价中的地位，而在实际的操作中，定性的评价往往也比定量的评价更容易进行，在自觉不自觉的当中陷入了人本主义泥坑，教育评价的科学性便无从谈起。

专门性的教育评价机构如果能够生存和取得发展，必须在评价方式上取得突破，必须有别于教育行政部门开展的评价，练就自己的"绝活"，高扬科学评价的大旗，定性与定量相结合，充分利用现代科学技术，特别是计算机技术发展为大规模处理评价数据提供可能，使评价不再是"走一走、看一看、议一议、出结果"的方式，使评价结果是建立在大量信息基础上的一种判断，走出行政性评价的窠臼。

文化是一个民族的特质，传统文化对一个民族的影响是潜意识、挥之不去的。正视中国传统文化对教育评价影响，以更好地发挥教育评价的功能。根据我国目前政治、经济和文化生活的现状，我国的教育评价制度既要学习西方的先进经验，又不能脱离本国的文化背景。评价主体宜具有官方的背景，评价机构性质宜"半官半民"，评价方式上力求创新，走科学评价的道路，既要做到伦理的善，更要做到逻辑的真和形式的美。

第二章　教学评价概论

第一节　认识教学评价

教学是教师依据学习的原理原则及课程标准所规定的目标、内容、进程，运用适当的方法技术，引导学生主动学习，以达成教育目的的活动，即教学是教和学相结合或相统一的活动。教和学相结合或相统一，总有其目的性，总有其实际结果，总有课程作为中介。教学的目的是否达到，达到的程度如何，教学的实际结果如何，作为教学重要中介的课程标准如何，需要进行客观的评价。

对教学进行评价，首先需要对教学评价进行界定，也就是揭示教学评价的本质特征。因为它是教学评价中其它理论问题（例如教学评价的特点、功能、原则、评价指标和标准、编制评价指标体系等问题）的逻辑起点，是任何一个教学评价理论工作者和实践者必须首先回答的问题。

一、对有关教学评价定义的分析

教学评价在我国源远流长，教学评价的思想和活动起源于我国古代则是世人所公认的。但教学评价在我国成为"教学论"研究范畴中一个引人注目的课题，则是1985年《中共中央关于教育体制改革的决定》颁布之后，才得到重视和开展研究的。关于教学评价的定义，许多学者和研究工作者都从不同的角度作出了各自的界定，有不同的见解。例如："教学评价，就是通过各种测量、系统地收集数据，从而对学生通过教学发生的行为变化予以确定。

教学评价的对象是学生的学习过程及其结果，评价者主要是任课教师。教学评价，即对教学过程及其结果的测量、分析和评定。就其现代意义而言，乃是利用多种技术手段收集系统、客观的信息，依据一定的标准对教师设计、组织的教学过程及其结果所作的测量、分析与评定。同时教学评价是对学绩测验所得的数据进行分析及解释，是测量评判教师的教学与学生的学习是否达到既定的目标的过程。从另一角度来说，教学评价是一种中观和微观的教育评价。它是依据一定的教学目标和标准，对学生的学和教师的教进行系统的调查，并评定其价值和优缺点以求改进的过程。教学评价就是根据教学目的和教学原则利用所有可行的评价技术对教学过程及其预期的一切效果给予价值上的判断，以提供信息改进教学和对被评价对象作出某种资格证明。所谓教学评价就是在教学过程中有目的、有计划地观察、测定学生在学习活动中的种种变化，根据这些变化，对照教学目标、对教学效果、学生的学习质量及个性发展水平作出科学的判断，进而调整、优化教学进程的教学实践活动。

归纳国内研究者所提出的这些定义，大致上可分为三类：一类认为教学评价属于对学生学习结果的评价，即通常人们所说的学业成绩评价范畴。另一类认为教学评价是属于对学生的学习结果和教师的教学过程的评价范畴。还有一类认为教学评价是属于对学生的学习结果和教师的教学过程及教学效果的评价范畴。可以说，对教学评价概念的上述各种界定、理解，是教学评价工作者辛勤劳动的结晶，也是教学评价研究的积极成果。对教学评价概念的上述各种界定，由于年代的不同，所以着眼点各有侧重，都具有一定的道理，或具有一定的真理性。然而，从真理全面性的要求和按照定义的逻辑学要求以及教学评价的客观现实来考察，我们不难看出，在上述各种定义中，有的没有考虑到我国教学评价的现实，定义过窄，把当前教学评价的有些内容未包涵在内；有的运用"某种资格证明"等含糊不清的语句，使定义有过宽之嫌。

二、揭示教学评价概念内涵必须遵循的几个原则

上述各种定义之所以未能准确地揭示教学评价的本质，不能得到人们的共识，其主要原因在于没有掌握揭示教学评价概念内涵必须遵循的原则。因此，要给教学评价一个科学、准确完整的定义，必须遵循如下几条基本原则：

（1）要作出一个科学的定义，必须在实践的基础上掌握有关教学评价的知识，了解教学评价所反映的对象的本质属性。

人们对客观事物的认识，是一个不断深化的过程，是一个由感性认识到理性认识、由具体到抽象的过程。一般来说，人们首先是在实践中，通过感官去感知事物，获得感性知识，即认识事物的现象和外部联系。随着社会实践的继续，人们的认识也不断深入，即在感性认识的基础上，运用比较、分析、综合、抽象等方法，逐步

认识事物的本质属性，并借助语词形式反映该事物的概念。因此，实践在认识事物、形成该事物的概念或定义中起着十分重要的作用。

（2）必须借鉴、参考其它各门学科特别是评价方法比较成熟的学科中有关评价的界定和教育评价的界定这是因为教学评价是评价中的一个种类，除此之外，还有经济评价、技术评价、环境评价等等，因此，揭示教学评价概念的内涵，必须揭示它与其它类别的评价在对象、内容等方面的不同特点或特殊性。另外，从教育评价的起源来看，"教育测验运动是现代教育评价的始点。"这样教育评价必须保留、继承教育测验的特点；另一方面，教学评价对教育评价而言是一个属概念，因此，揭示教学评价概念的内涵，必须使它从属于比自身高一个层次的种概念的范畴之中。

（3）教学评价活动是一个具有自身结构的理性思维活动。因此，揭示教学评价概念的内涵，要涵盖教学评价结构的主要内容。

（4）教学评价活动是一种对象性活动。因此，揭示教学评价概念的内涵，要反映评价对象主客体的价值关系、价值意义以及评价的功能意义。

（5）揭示教学评价概念的内涵，要以马克思主义哲学关于价值的一般本质和规律的学说以及评价的基本理论为思想基础。

（6）必须了解当前教学评价的现状，根据现状进行界定。这是因为，一方面概念的内涵和外延并不是永远固定不变的，客观事物本身是发展变化的，随着客观事物的发展变化，反映该对象概念的内涵和外延也就要相应地发生变化；人们对客观事物的认识是不断深化的，随着人们认识的深入和发展，概念的内涵和外延也会发生相应的变化。因此，任何概念都是确定性和灵活性的统一。另一方面，评价的定义作为一种高度抽象、概括化的理论，它必须来之于实践并用来指导实践，如果我们不考虑实践中的现状，就容易脱离实际，不仅不能指导实践，反而有时还会妨碍实践的发展。

（7）必须遵循逻辑学中定义的规则和要求。给概念下一个正确的定义，除了掌握下定义的方法和上述原则外，还必须遵守下定义的规则。"定义必须是相应相称的。定义项中不得直接或间接地包含被定义项。定义一般必须用肯定的语句形式和正概念。定义必须清楚确切。

三、正确解决教学评价的界定问题

根据以上原则，上述关于教学评价概念界定的不全面、不完备性，已经非常明显，这里不再一一论述，此处只是谈谈与上述界定有关的一个问题。教学评价的技术，在教学评价活动中是很重要的，但是，评价的技术，不属于评价的目的、内容，而只属于手段的范畴，因此，在揭示教学评价内涵时，不必突出这一侧面，甚至也不必提及。

根据上述揭示教学评价概念内涵的原则以及对教学评价实践的研究，对教学评价概念作如下界定：教学评价是评价者对教学活动或行为主客体价值关系、价值实现过程、结果及其意义的一种认识活动过程，其核心内容是揭示教学活动或行为中的客体对主体的需要（利益）、目标的价值意义。

这样界定教学评价概念，有如下几个特点：

第一，这个界定首先肯定了教学评价是以对教学活动或行为中的主客体及其价值关系的认识为前提，或者说，是以认识教学活动或行为中主客体价值关系的事实为前提的。对教学活动或行为中主客体的价值关系事实的认识是价值认识的基础，这是价值认识客观性的重要内容之一。

第二，这个界定也指出了教学评价活动本质上是一种认识活动，一种思想建构活动，因此，对教学评价活动的结果，也需要再评价，并以教学活动的实践作为检验其是否正确的标准。

第三，这个界定又揭示了教学评价活动的基本结构，即评价主体、评价客体（对象）、评价标准（需要和目标）。教学评价活动中，自我评价的评价者，既是评价活动的主体，也是教学活动或行为的主体，两个主体相一致；行政评价的主体，一般来说，同教学活动或行为主体是分离的。但是，作为评价者，必须站在教学活动或行为主客体价值关系中的主体方面，或表现其主体意向，使之具有主客体价值关系中的主体性质，评价活动才是可能的。评价的客体包含着教学活动或行为的主客体及其活动或行为本身。现实的需要与可能和目标是教学评价标准中的两个根本的不可或缺的因素。现实的需要与可能和目标两者有联系，但又不是一个东西，教学评价的标准则应当把现实的需要与可能和目标两者结合起来。

第四，这一界定涵盖了教学活动或行为的全过程，既包括了对正在进行的教学活动或行为的评价，即形成性评价，又包括了教学活动或行为结果的评价，即总结性评价。

第五，这一界定囊括了教学评价活动的主要内容。教学评价活动既包括对教学活动或行为中的主客体的价值关系事实的认识，也包括教学活动或行为中客体对主体的价值及其实现过程、结果的认识，还包括对评价功能意义的认识。其核心内容是对教学活动或行为中的客体对主体的价值作出判断。评价者在评价活动中，就是对教学活动或行为中的主客体的价值关系事实、价值意义和功能意义作出解释和说明。

第二节　教育评价的内容及其类型

教学评价的具体类型很多，从不同的角度和标准可以划分出不同的评价种类。在具体的运用过程中，不同类型的评价有着不同的特点、内容和用途。

一、总结性评价、形成性评价与诊断性评价

根据教学评价在教学过程中发挥的作用的不同，一般将教学评价分为总结性评价、形成性评价和诊断性评价。

（一）总结性评价

总结性评价一般指在课程或一个教学阶段结束后对学生学习结果的评定。这类评价的主要目的是评定学生的学业成绩，确定学生达到教育目标的程度，证明学生掌握知识、技能的程度和能力水平，以为确定学生在后继教程中的学习起点，预言学生在后继教程中成功的可能性，以及制订新的教育目标提供依据。

总结性评价着眼于某门课程或某个教学阶段结束后学生学业成

绩的全面评定，因而评价的概括水平一般比较高，考试或测验所包括的内容范围也比较广，评价的次数不多，一般是一学期或一学年两、三次。学校中常见的期中考试、期末考试或考查以及毕业会考都属这类评价。

（二）形成性评价

形成性评价主要指在教学进行过程中，为改进和完善教学活动而进行的对学生学习过程及结果的测定。

形成性评价有点类似于教师按传统习惯使用的非正式考试和单元测验，但它更注重对学习过程的测试，注重利用测量的结果来改进教学，使教学在不断的测评、反馈、修正或改进过程中趋于完善，而不是强调评定学生的成绩等第。正因为形成性评价以获取反馈、改进教学为主要目的，所以这类测试的次数比较频繁，一般在单元教学或新概念、新技能的初步教学完成后进行，测试的概括水平不如总结性评价那样高，每次测试的内容范围较小，主要是单元掌握或学习进步测试。相比较而言，总结性评价侧重于对已完成的教学效果进行确定，属于"回顾式"评价而形成性评价侧重于教学的改进和不断完善，属于"前瞻式"评价。

要使形成性评价在改进教学方面真正发挥作用，教师应注意做到：（1）把评价引向提供信息，而不要把它简单地作为鼓励学生学习或评定成绩等第的手段。（2）把形成性评价与日常观察结合起来，根据测试的反馈信息和观察的反馈信息对教学作出判断和改进。（3）仔细分析测试结果，逐项鉴别学生对每个试题的回答情况，如果大部分或相当数量的学生对某个试题的回答都有误，那就表明自己在这方面的教学有问题，应及时加以改进。

（三）诊断性评价

诊断性评价指为查明学生的学习准备状况及影响学习的因素而实施的测定。

在教学过程中，教师要想形成一套适合每个学生特点和需要的教学方案，就必须深入了解学生已有的知识、技能的掌握程度，了解他们的学习动机状态，发现他们学习中存在的问题及原因，等等。教师获取这些情况的方法和途径是多样的，其中最常用、最有效的手段之一就是诊断性评价。诊断性评价的主要用途有三个方面：（1）检查学生的学习准备程度。常在教学前如某课程或某单元开始前进行测验，可以帮助教师了解学生在教学开始时已具备的知识、技能程度和发展水平。（2）确定对学生的适当安置。通过安置性诊断测验，教师可以对学生学习上的个别差异有较深入的了解，在此基础上经过合理调整使教学更好地适应学生的多样化学习需要。（3）辨别造成学生学习困难的原因。在教学过程中进行的诊断性评价，主要是用来确定学生学习中的困难及其成因的。

二、常模参照评价与标准参照评价

根据评价所依据的不同标准与解释方法，可以将评价分为常模参照评价和标准参照评价。

常模参照评价是以个体的成绩与同一团体的平均成绩或常模相互比较，从而确定其成绩的适当等级的评价方法。这种评价方法重视个体在团体内的相对位置和名次，它所衡量的是个体的相对水平，因而又将这类评价称为"相对评价"或"相对评分"。常模参照评价以常模为参照点，常模实际上就是团体测验的平均成绩，以学生个体的成绩与常模比较，就可以确定学生在团体中的位置，知道他的成绩在团体中属于"差"、"中下"、"中上"还是"优"。常模参照评价具有甄选性强的优点，因而可作为分类排队、编班和选材的依据。它的缺点是在排队选优时，对于个人的努力状况及进步的程度不加重视，尤其对于后进者的努力缺少适当评价，例如，在几次考试中，某学生学习的实际成绩在提高，但他在班级里的相对位置（名次）也许仍没变化，因而缺乏激励作用。

标准参照评价是以具体体现教学目标的标准作业为准，确定学生是否达到标准以及达标的程度如何的一种评价方法。标准参照评价是用来衡量学生的实际水平的，它关心的是学生掌握了什么或没掌握什么，以及能做什么或不能做什么，而不是比较学生之间的相对位置。用来评定的所谓标准就是具体的教学目标，教师编制测试题的关键之处是必须正确反映教学目标的要求，而不是这些题目的难易和鉴别力。为准确体现教学目标的要求，客观测得学生的实际水平，必要时过难或过易的试题也应保留，不要轻易删除。评分时学生该得满分就给满分，该得零分就给零分，一切按既定的标准评分。因此，标准参照评价的评分方式又称为"绝对评分"，这种评价也被称为"绝对评价"。通过标准参照评价可以具体了解学生对某单元知识、技能的掌握情况，哪些学得较好，哪些没学好需要补救。因此，标准参照测验主要用于基础知识、基本技能的测量，适用于形成性测验和诊断性测验，利用测验提供的反馈信息，可及时调整、改进教学。但是，由于测试题的编制很难充分、正确地体现教学目标，因此，教师还不能充分利用严格意义上的标准参照评价或绝对评价。

三、标准化测验评价与教师自编测验评价

根据评价工具的编制和使用情况的不同，可以将教学评价分为标准化测验评价和教师自编测验评价。

标准化测验评价是近年来发展很快的一种评价方式，这类评价是凭借专家或专业的测验发行机构编制的标准化测验进行的。由于标准化测验的试题取样范围大，题量多，覆盖面宽，因而具有较高的信度和效度。另外，它的试题一般难度适中，区分度高，施测有严格的要求，测得的结果有可资比较的标准作对照，评分客观、准确、迅速，从命题、阅卷到计分等各个环节都减少或避免了误差，因而具有客观性、真实性、准确性较强等突出优点，是目前评价学生学业成绩的重要方式之一。但由于标准化测验的编制难度较大，施测的要求、条件较高，建立标准化试题库更是一项艰巨的工程，因而要广泛推行这一评价方式会遇到不少困难，需不断努力，逐步推行。

教师自编测验评价是依据教师自行设计与编制的测验，根据教学需要对学生的学业情况进行检测的一种评价方式。这类评价的突出优势是自编测验的制作过程简易，使用灵活方便，适用范围广，可以满足不同学科、不同教学阶段的不同测试要求，因而，它是学校中应用最多和教师最愿意使用的评价方式。教师自编测验从试题类型来看，主要有客观测验和论文式测验。要编好测验，教师必须遵循一些基本的原则，例如，测验应真实反映教学目标，测验要有效、可靠，测验应依据所预期的学习结果来选择试题类型，试题内容取样要有代表性，试题的文字力求浅显简短但又不遗漏必要的条件，试题的正确答案应是没有争议的，施测和评分要省时，等等。在实践过程中，如能将自编测验和其他评价手段结合起来使用，则可以发挥出各类评价方式的长处，取长补短，提高评价质量。

四、系统测验评价与日常观察评价

根据评价方式的不同，可以将教学评价分为系统测验评价和日常观察评价。

运用各种测验的手段对教学过程及其结果进行测量与评价，是教学实践中应用最普遍的评价方式，例如，前面介绍的常模参照、标准参照等评价方式基本上都属于系统测验评价的范畴。运用测验手段进行定期、系统的评价，可以为教师提供大量有关教学情况的信息，有利于教师及时总结教学、改进教学、提高质量。但是，实践表明，并不是教学中的一切情况都可以通过测验的手段测出来的，学生的许多复杂的心理机能是目前的测验技术所难以测量的。因此，在教学评价过程中，要想使获得的信息更加全面和客观，教师除要进行定期、系统的测验评价外，还应当重视另一类评价方式——日常观察评价在教学中的作用。

日常观察评价是借助于对学生日常学习活动的观察而对他们的学习行为及结果进行的评定。日常观察评价在课堂内外应用的机会很多，教师实际上每天都在对学生进行着观察，这种观察是在没有受到如测验或考试那样的气氛干扰的自然状态下进行的，因此它往往可以得到一些其他任何方式都不能得到的有价值的真实的资料。

要使日常观察评价的作用得以充分发挥，教师应注意以下几个问题：（1）观察要有明确的目的，要观察哪方面情况，如学生的认知发展状况、情绪变化、注意力集中情况等，事先应确定。（2）观察要有计划，目标明确后，教师还应对观察的范围、重点观察对象、时间安排、工具使用等多方面情况加以全面考虑，作出周密计划。（3）要对观察结果进行及时、系统的记录。作好观察记录，是积累评价资料，实施观察评价的重要方面。目前常用的记录方法有行为摘录法、行为评等法和日记法。

1. 行为摘录法

有两种作法，一是将观察到的行为表现如实记录下来，这种作法费时较多，教学任务多的情况下不易做到；另一种是事先将要观察的事项分类，列成"项目检核表"，在观察到学生的有关行为后立即在相应的项目上作"√"号。这种方法省时、简便，易于操作，关键是要设计好项目检核表。

2. 行为评等法

是根据观察到的情况对学生的行为表现分等记录的方法。教师可以将学生的各种行为分类，然后将每类行为再分出等级，根据学生的不同表现，在相应的行为等级后加上"√"记号。

例如，可以将学生课堂注意力分为以下几个等级：

A. 能够整堂课聚精会神地听讲

B. 大部分时间能集中注意听讲

C. 注意力集中程度一般

D. 注意力经常涣散

E. 整堂课中没集中过注意力

3. 日记法

即通过记日记的方法记录课堂观察结果，这也是教师最常使用的一种记录方法。这种方法的优点是简便易行，不须事先准备各种其他记录工具，只要教师养成记日记的习惯就可随时记录下所观察的结果。但这种方法最大的缺点是教师本人的偏见、期望、好恶有可能掺入记录并影响他根据记录作出的判断。因此，用日记记录观察结果时要尽可能客观、实事求是，应当主要记录学生可观察的具体行为及行为发生的特定环境，要把自己的主观印象和事件的本来面目区分开来。

总之，教学评价的种类很多，从不同的角度就可以划分出不同的类型，以上所举只是其中的一部分，例如，从评价的对象来分，还可以分出学的评价与教的评价，从评价的内容来分，可分出智力、学业成绩、人格等的测验评价，等等。本节将各类评价逐一列举出来，目的是为了更好地研究、学习和掌握。其实，在实际的评价过程中，我们是很难将这些评价类型分得清清楚楚的，例如，学校对学生进行了一次测验评价，从测验编制的角度看，它可能是一次教师自编测验评价；从评价的标准来看，它可能是一次标准参照测验；而从评价的作用来看，它可能又是一次诊断性评价。所以，了解各类教学评价的关键，是要掌握这些评价方式的特点、作用和适用范围，以使它们在实际评价过程中相互配合、优势互补，发挥出应有的作用。

第三节　教学评价的特质

一、目的

教学评价是教学活动不可缺少的一个基本环节，它在教学过程中发挥着多方面作用，从整体上调节、控制着教学活动的进行，保证着教学活动向预定目标前进并最终达到该目标。具体看来，教学评价的作用，亦即教学评价的目的，主要表现在以下几方面。

1. 诊断教学问题

诊断是教学评价的又一重要功能。通过教学评价，教师可以了解自己的教学目标确定得是否合理，教学方法、手段运用是否得当，教学的重点、难点是否讲清，也可以了解学生学习的状况和存在的问题，发现造成学生学习困难的原因，从而调整教学策略，改进教学措施，有针对性地解决教学中存在的各种问题。

提供反馈信息。实践表明，教学评价的结果不仅为教师判定教学状况提供了大量反馈信息，而且也为学生了解自己的学习情况提供了直接的反馈信息。通过教学评价的结果，学生可以清楚地了解自己学习的好坏优劣。一般来说，肯定的评价可以进一步激发学生的学习积极性。

2. 提高学习兴趣

否定的评价往往会使学生看到自己的差距，找到错误及其"症结"之所在，以便在教师帮助下"对症下药"，及时矫正。另外，有关研究发现，否定的评价常会引起学生的焦虑，而适度的焦虑和紧张可以成为推进学生学习的动因。当然，教学评价提供给学生的否定反馈信息要适度，以免引起过度紧张和焦虑，给学生的身心发展和学习造成不良后果。

3. 引导教学方向

教学评价的导向作用，在实践中是显而易见的。学生学习的方向、学习的重点及学习时间的分配，常常要受评价内容和评价标准的影响。教师教学目标、教学重点的确定也要受到评价的制约。如果教学评价的标准和内容能全面反映教学计划和大纲的要求，能体现学生全面发展的方向，那么，教学评价所发挥的导向作用就是积极的，有益的，否则，就有可能使教学偏离正确方向。这一点，需要引起教学评价工作者的高度重视。

4. 调控教学进程

对教学活动基本进程的调控，是教学评价多种功能和作用的综合表现，它建立在对教学效果的验证、教学问题的诊断和多种反馈信息的获得等基础上，具体表现为对教学方向、目标的调整，教学速度、节奏的改变，教学方法、策略的更换，以及教学内容、教学环境的调整，等等。实际上，客观地判定教学的效果，合理地调节、控制教学过程，使之向着预定的教学目标前进，也正是教学评价追求的基本目的。

二、特点、性质

教学离不开评价，教学评价是教学工作的一个重要组成部分。教学的基本目标是什么，怎样根据教学目标确定教学方法，教学水平的高低标准是什么，怎样考核教师的教学工作；又怎样考核学生的学习以及在德智体诸方面的进步与发展等等。对这些方面能否做出科学的、准确的评价，不仅直接决定教学质量的高低，培养目标的落实，培养的人才是否符合国家需要，而且还直接影响教师教学工作的积极性和学生学习的主动性。长期以来，我们总是把考试作为衡量教学质量的唯一方式。对学生，一次考试、几张试卷的成绩，就可以衡量出他们学习的好坏，甚至以此来决定他们的命运，对教师，学生考试成绩高低，是衡量他们教学质量的标准。还有经常的、大量的听课、评课活动，以此来评判教师教学能力和教学水平的高低。当然，这种听课、评课活动，对交流教学情况、检查教学质量、总结教学经验起到了重要的作用。但是，由于对课堂教学没有统一的评价标准，对评价对象是否达到应有的基本水准缺乏量化的依据，仅用描述性定性分析的方法，衡量不同教师，或同一教师不同时期教学水平和教学质量的高低，模糊程度高，可比性差。这种对教学质量的评价带有主观性和片面性。因此，对教学质量的管理和控制带有很大的随意性和盲目性。要提高教学质量，调动广大教育工作者的积极性，促进教学改革的深化和发展，就必须提高教学评价的公正性和准确性，建立一套适合我国国情的、完整的、科学的评价制度。

教学评价是指依据教学目标和教学原则，利用所有可行的评价技术，对教学过程及其一切预期效果给予价值上的判断，以提供信息、改进教学和对被评价对象做出某种资格证明。现代教学评价在教学管理和教学活动中具有自己的特点，这些特点主要表现在：

第一，评价以教学目标为依据。没有目标是无法进行评价的，因此，明确教学目标是教学评价的前提。教学目标不是单一的，而是由许多目标要素构成的教学目标系统，在教学目标系统中，有起主导作用的重要教学目标，对此，在教学评价中应当优先考虑。但是，不能离开教学目标系统，仅用一项或几项目标去判断教学质量。另外，教学目标也不是绝对的、固定不变的，随着社会的发展，教学目标也在不断地发展变化。同时，由于地域有不同，教学目标内容也不尽相同。教学评价就是要具体分析教学目标，并追求实现这些目标的过程。

第二，教学评价的全面性。教学评价，从宏观上讲是对整个教学系统都要进行评价；从微观上讲是对某一对象的评价。教学评价既包括外部机构、组织对教学的检查、评价，也包括学校、教师和学生的自我检查、自我评价。

评价应纵横结合，过程与结果相结合。例如对教师的评价，必须从教师的劳动特点出发，坚持全面的观点。既要评价教学绩效，也要评价教学工作全面表现；既要评价教师自身素质，也要评价教师完成职责的情况。而不能以偏概全。

第三，教学评价的连续性。教学评价是一个有连续性活动的过程，它是学校教育经常性的一项工作。教学评价是衡量和判断教育者与被教育者按理想目标到达何种程度的过程。评价总是和教学过程联系在一起，因此，要根据随时发生着变化的教学实践活动，采用一切可以利用的方法和手段对教学做出评定、诊断和指导。

第四，教学评价活动中要重视客体的主动性。一切评价对象在评价中不应是单纯地处于被动的、被调查的、被分析的地位，而应当主动，即主动做好自我评价。教学过程不仅是教师培养教育学生的过程，同时也是教师个人发展的过程，因此，对教学的评价过程，就不仅是评价者评价教师的过程，也应该是包括自我评价，即评价对象的自我认识、自我分析、自我提高的过程。在评价过程中评价者与评价对象应是统一的，是协调动作的，而不是将其分为相互对立的两部分。

第五，教学评价方法的科学性。现代教学评价强调评价、理解人格的一切侧面。因此，评价不仅要有客观的测量，还要有质的分析。在评价方法上应注意定性与定量的方法、主观与客观（各种统计资料）、实验设计的方法的结合。

总之，我们必须充分认识教学评价的这些特点，运用辩证系统的方法，以整体的观点、相互联系的观点、动态的观点和量、质结合的观点分析教学系统，对教学各个环节的要求具体化、规范化，对教学质量进行科学的管理和控制，从根本上保证教学质量的不断提高。

三、功能

在进行教学评价的过程中，教学评价的功能可概括为以下几方面：

（一）导向功能

按照教育方针，课程计划规定的学校培养目标，各科教学大纲规定的教学目的、任务、内容，是教学评价的基本依据，它们是通过教师的教和学生的学的具体活动实现的。在评价过程中，把师生的活动分解成或干部分，并制定出评价标准。根据这些标准判定师生的活动是否偏离了正确的教学轨道，偏离了教育方针和教学目标，有无全面完成各科教学大纲规定的目的和任务，从而保证教学始终沿着正确的方向发展。教学评价有利于各级各类学校端正教学指导思想和办学方向。

（二）鉴别和选择功能

教学评价可以了解教师教学的效果和水平、优点、缺点、矛盾和问题，以便对教师考察和鉴别。这有助于学校和教育行政领导决定教师的聘用和晋升，有助于在了解教师状况的基础上，安排教师的进修与提高。教学评价能对学生在知识掌握和能力发展上的程度作出区分，从而分出等级，为升留级、选择课程、指导学职业定向提供依据，为选拔、分配、使用人才提供参考。同时，也是向家长、社会、有关部门报告和阐释学生学习状况的依据。

（三）反馈功能

通过教学评价，能使教师和学生知道教学过程的结果，及时地提供反馈信息。反馈信息在教学中具有重要的调节作用。信息工程学表明，只有通过反馈信息来调节行为，才有可能达到一定的目标。教师获得评价的反馈信息，能及时地调节自己的教学工作，能使教师了解自己的教学方法和教学过程组织中的某些不足，诊断出学生在学习上存在的问题与困难；可使教师明确教学目标的和实现程度，明确教学活动中所采取的形式和方法是否有利于促进教学目标的实现，从而为改进教学提供依据。学生获得反馈信息，能加深对自己当前学习状况的了解，确定适合自己的学习目标，从而调整自己的学习。此外，还能起到激发学生学习动机的作用。研究表明，经常对学生进行记录成绩的测验，并加以适当的评定，可以有效地激发并调动学生的学习兴趣，推动课堂学习。

（四）咨询决策功能

科学的教学评价是教学工作决策的基础。只有对教学工作有全面和准确的了解，才能作出正确的决策。例如，1981 年美国教育部组织了一次历经 18 个月的教育评价活动。在教学方面评价后，明确指出：由于学校课程平淡，学生学习时间短，鼓励学生学习的措施减少，教学质量下降，培养出越来越多的庸才。对教学工作的这个评价结果，在美国引起了强烈反响，有 50 个州对学校教学进行了决策，采取了以下措施：提高教学要求，延长学生学习时间，改革课程设置、教学内容和方法，有计划地培训教师，提高教师水平。教学决策实践表明，任何科学的教学决策都是建立在教学评价提供的具有说服力的评价结果基础上的。

（五）强化功能

教学评价可以调动教师教学工作的积极性，激起学生学习的内部动因，维持教学过程中师生适度的紧张状态，可以使教师和学生把注意力集中在教学任务的某些重要部分。

实验证明，适时地、客观地对教师教学工作作出评价，可使教师明确教学中取得的成就和需要努力的方向，可促使教师进一步地研究教学内容、教学方法，以提高自己的教学水平。对于学生来说，教师的表扬、鼓励、学习成绩测验等，可以提高学习的积极性和学习效果。同时，评价能促进学生根据外部获得的经验，学会独立地评价自己的学习结果，即自我评价。自我评价有助于学生成绩的提高。

（六）竞争功能

教学评价尽管不要求排名次等级，但其结果的类比性是客观存在的。如通过学生的学习成果评价，就能引起任课教师之间、学生之间、班级之间、学科之间的横向比较，从而了解到教师、学生、本班、本学科的优势和劣势，看到差距，认识到自己在总体中的相对地位，客观上能起到竞争的作用。

四、原则

1. 客观性原则

客观性原则是指在进行教学评价时，从测量的标准和方法到评价者所持有的态度，特别是最终的评价结果，都应该符合客观实际，不能主观臆断或参入个人情感。因为教学评价的目的在于给学生的学和教师的教以客观的价值判断，如果缺乏客观性就失去了意义，因此而导致教学决策的错误。

2. 真实性原则

真实性原则指的是课堂教学评价、特别是学生学习结果的评价，强调在真实生活情景下对学生的发展进行评价，在真实性评价中应该包括有真实性任务，即某一具体领域中专家可能遇到的那些真实的生活活动、表现或挑战。

美国学者戈兰特·威金斯（Grant Wiggins）认为真实性评价有五个特征：一是评价既指向学生学习的结果，也指向学生学习的过程，凸显评价的诊断与服务功能，即为学生的学习提供有效的反馈和建议，而不仅仅是选拔与区分功能；二是强调在现实生活（或模拟现实生活）的真实情境中，给学生呈现复杂的、不确定的、开放的问题情境以及需要整合知识和技能的活动任务（即"有意义的真实性任务"）来对学生进行评价，评价重在考查学生在各种真实的情境中使用知识、技能的能力，而不是重在考查学生对知识信息的积累与占有程度；三是任何一个真实性评价都必须事先制订好用以评价学生的"量规"（rubrics）或"检核表"（checklists）。所谓"量规"，是一种界定清晰的、用来对学生的表现或作品进行评分或等级评定的评估工具。一个完整的"量规"应当包含三个基本要素，即"具体的评估标准""区分熟练水平"以及"明确的反馈"，学生应该提前知道评价的任务及具体标准，而不是像传统的测验那样需要保密；四是真实性评价承认个体差异，主张对不同的学生提供不同的评估策略，以适应各种能力、各种学习风格以及各种文化背景的学生，为展示他们的潜能与强项提供机会，而常规的考试与测验往往忽视学生的个体差异，且常常用来找出一个人的弱点，而不是他的长处；五是评价通常被整合在师生日常的课堂活动中，成为教师教学、学生学习的一部分。在真实性评价中，评价是师生共同的任务，学生不再是被动的测验接受者，而是评价活动的积极参与者，学生参与评价（包括对同伴的评价或自我评价）是学生学习的一种形式。

3. 整体性原则

整体性原则也称多维性原则，是指在进行教学评价时，要对组成教学活动的各方面做多角度，全方位的评价，而不能以点代面，一概而论。由于教学系统的复杂性和教学任务的多样化，使得教学质量往往从不同的侧面反映出来，表现为一个由多因素组成的综合体。因此，为了反映真实的教学效果，必须把定性评价和定量评价综合起来，使其相互参照，以求全面准确的判断评价客体的实际效果，但同时要把握主次，区分轻重，抓住主要的矛盾，在决定教学质量的主导因素。具体而言，整体性原则主要体现在三个方面。首先是评价内容的多维性，即在评价中应该考虑到课堂教学的各个方面，包括课堂教学的过程、教师的教学能力及水平、课堂教学要素、课堂教学结果、学生的参与度等各个方面。但这并不是说，每次课堂教学都必须要完整地对所有的因素进行评价、或者所有的因素在每次评价中所占的权重都是一样的，而是需要根据评价的目的有侧重地进行选择。在选择过程中，既要考虑到评价的目的，也要考虑到课堂教学评价的一般要求，同时还要考虑到当前教学评价发展的理论前沿。其次是评价主体的多维性。在以往的课堂教学评价中，评价主体往往是研究者和教育管理者，缺少课堂教学内主体的充分参与。而评价主体的多维性要求评价主体既有课堂教学之外的人员，如研究者和教育管理者，也有课堂教学内的被评教师或学生，同时还可以考虑同事或同伴在评价过程中的参与，改变原来单纯以他评为主的方式，重视自评和互评。最后是评价方法的多维性。传统的课堂教学评价多以量表或者纸笔测验为主，这种评价方法的主要优点在于其编制过程的科学性，它在评价过程中能够尽可能地保证评价的公正性，但是其弊端也是非常明显的，如评价的内容与真实的生活内容脱节，不太适合于情感、态度、价值观的评价等。评价方法的多维性要求课堂教学评价中改变单纯以纸笔测验为主的方式，更多地采取观察、成长记录袋、真实性评价等方法进行多方面的评价，既要重视客观、量化的评价方法，也要重视量化和质性评价相结合的方法，以质性评价统整量化评价。因为量化的评价把复杂而又丰富多彩的课堂教学过程简单化、格式化了，而质性评价却更关注复杂而丰富的课堂教学过程，强调教学过程的完整及其间真实的表现。

4. 指导性原则

指导性原则是指在进行教学评价时，不能就事论事，而是要把评价和指导结合起来，要对评价的结果进行认真分析，从不同的角度找出因果关系，确认产生的原因，并通过及时的，具体的启发性的信息反馈，使被评价者明确今后的努力方向。

5. 发展性原则

发展性原则指的是课堂教学评价着眼于促进学生发展，侧重于观察和衡量学生的表现，着眼于促进教师教学水平的不断提高，激励教师转变观念，进行课堂教学的改革。

课堂教学评价的目的尽管不排除其检查、选拔和甄别的作用，但其基本目的在于促进学生发展、提高和改进课堂教学实践，在于反馈调节、展示激励、反思总结、积极导向等基本功能。因此，课堂教学评价应该坚持发展性评价原则，即以发展的眼光来客观评价主体的变化，重视对课堂教学过程的评价，强调评价内容多元化、评价过程动态化以及评价主体间的互动等，以实现评价的最大收益，达到促进发展和改进的目的。

发展性原则有以下特征：首先，发展性原则着力于人的内在情感、意志、态度的激发，着力于促进个体的和谐和发展，强调以人为本；其次，发展性原则强调评价主体多元化，主张使更多的人成为评价主体，特别是使评价对象成为评价主体，重视评价对象自我反馈、自我调控、自我完善、自我认识的作用；第三，发展性原则在重视教学过程中的静态、常态因素的同时，更加关注教学过程中的动态变化因素、由师生之间情感等的交互作用而使得课堂教学出现的偶发性和动态性；第四，发展性原则更加强调个性化和差异性评价，要求评价指标和标准是多元的、开放的和能够体现差异的，对信息的收集应当是多样、全面和丰富的，对评价对象的价值判断应关注评价对象的差异性、有利于评价对象个性的发展；第五，发展性原则在重视指标量化的同时，更加关注质性评价的作用，强调用质性评价去统整定量评价，认为过于强调细化和量化指标往往会忽视了情感、态度和其他一些无法量化而对评价对象的发展影响较大的因素的作用。

6. 科学性原则

这条原则是指在进行教学评价时，要从教与学相统一的角度出发，以教学目标体系为依据，确定合理的统一的评价标准，认真编制、预试、修订评价工具；在此基础上，使用先进的测量手段和统计方法，依据科学的评价程序和方法，对获得的各种数据进行严格的处理，而不是依靠经验和直觉进行主观判断。

五、意义

教学评价是教学活动不可缺少的一个基本环节，它在教学过程中发挥着多方面作用，检验教学效果、诊断教学问题、提供反馈信息、引导教学方向、调控教学进程等，因此说教学评价有着重要的意义，总体上说可以总结为以下几方面。

1. 教学评价是提高教育教学质量的重要保证

首先教学评价有着激励作用，激励着教师学生发展，促进教学；教学评价有着引导教学的作用，引导着教学的方向，确保教学有明确的目标；教学评价能提供反馈信息，调控教学，检测教学效果，在教学过程中进行中教学评价和监视，保证着教学的质量；教学评价可以检教学效果，有效地评价教学，促进教学大发展。总之，教学评价是提高教育教学质量的重要保证。

2. 教学评价是完善教学系统的重要环节

教学系统（Instructional System）是教育系统的子系统，是指为了实现某种教学目的、由各教学要素有机结合而成的具有一定教学功能的整体。教学评价是教学系统的一个重要的要素，是教学系统中不可或缺的重要环节，是完善教学系统的重要因素。

3. 教学评价是推动教学不断增值的重要手段

在教学评价的目的中，我们已经看到教学评价在教学中起着举足轻重的作用，激励教学，促进教学发展，提高教学质量，是教学增值的重要手段和途径。

第四节　中西方教学体系对比

由于人们的价值观念不同，对教学的基本目标看法不一，因而对教学评价所下的定义也各不相同。美国著名心理学家桑代克认为教学评价就是教学测验。教育评价专家泰勒教授认为教学评价是把实际的表现与理想目标相比较的历程。桑达斯（sanders）则认为教学评价是一种有系统地去寻找搜集资料，以便协助决策者在诸种可行的途径中择一而行的历程。上述几种定义都有自己的特点，现在倾向于这样界定教学评价：教学评价是指以教学为对象，根据教学目的和教学规律、原则，利用所有可行的评价技术，不断揭示教学现象和教学目标的关系，并且赋予价值上的判断，从而提供反馈信息，指导教学，实现教学目标的过程。教学评价应包括教学过程中教师、学生、教学内容、教学方法和手段、教学环境、教学管理诸因素的全面的评价，主要对象应是教师的教学工作、学生的学习活动和教学内容，教学评价的目的是为了使被评价者达到一个又一个的教学目标，直至达到最终目标。

一、我国教学评价现状

80 年代初我国报刊上首次出现了介绍教学评价的文章，教育教学评价开始受到重视并且以很快的速度展开，得到迅速发展。这并不是偶然的，而是有着深层的原因：第一是建国以来教育发展的曲折历程，使人们觉得有必要对过去的实践加以评价，弄清教育教学发展的规律，以便遵循这些规律，促进我国教育教学事业的健康发展；第二是在深化教育教学改革的过程中颁布的一些教育方针、政策、措施是否科学可行也需要进行评价，加以鉴别判断，保证教学改革的顺利进行。另外，外国特别是美国教学评价工作的日益发展对我们影响很大。在这种背景下，一些高等院校和专家陆续翻译了教学评价的基本知识和国外各教育评价流派的理论，邀请了一些国外教学评价专家来华讲学，如 1986 年 6 月华东师范大学邀请了美国教育评价专家布鲁姆来华讲学。此外，我们也派人出国考察国外教育教学评价发展情况，根据考察结果撰写了教育教学评价情况的考察报告。各省纷纷成立了教育教学课题组，开展教育教学评价专题研究。全国的教育教学评价工作迅速发展起来，在 1987 年达到一个高潮。此后一些高校根据教育教学评价理论对自身在教学过程中出现的一些问题进行总结、反思，但更多的高校则是不了了之。

　　我国的评价为什么步履艰难？为什么高校自身没有积极性呢？分析原因主要是：第一，我国的评价是封闭性的，没有社会团体的广泛参与，社会、家长对学校的压力不大，高校的办学规模和效益、培养的毕业生质量高低是高校自身的事，社会并没有相应的制约机制。学生毕业后找不到工作或不能胜任工作，高校并不承担责任。高校办学效益、毕业生质量都是学校从单方面去考虑，没有多大的压力和推动力。评价的过程就是改进教学方法、提高教学质量的过程，是学校联系社会的过程，应该吸收学术团体、社会团体参加评价，以密切学校与社会的联系。第二对学校来说，评与不评没有多大区别，国家教委没有明确规定，评价结果与国家的拨款、学校的地位和声誉、教师的奖金、职称和地位不相联系，也没有有效的配套措施使通过评价发现的问题得到实施，致使学校没有评价的动力。对教师教学进行评价，教师教得好，没有奖励也就没有积极性。教师教得差更不愿意接受评价，很多教师对评价持消极态度。

　　长期以来我国总是把考试作为衡量教学质量的唯一方式，把一次考试、几张试卷的成绩作为一把尺子来衡量教学质量，甚至以此来决定学生的命运，因而带有很大的局限性和片面性。实际上是用抽样来看教学质量，抽样只是教学质量的一小部分，用一小部分代替全部是不科学的，因此不能反映出教学的全部质量。以学生的学习成绩来代替对学生的综合评价，以学生成绩的高低来判断教学质量的高低，用统一和标准化的方式进行评价，过分强调学生学习和思维方式的统一性，传统常规和标准参照测验掩盖了学生认知建构的个体差异。学生成绩是受到多方面因素的影响的，如家庭、社会等，以学生分数来衡量教学质量是不全面、不科学的。当前出现的片面追求升学率的倾向、教师把主要精力放在少数优秀学生身上、大学新生中一些人"高分低能"的现象以及教学工作无标准现象，都和缺乏对教学质量的科学评价有关。我们的教学质量基本上处于定性研究阶段，对教学质量的评价和管理处于模糊状态，评价结果是定性的，而无定量的评价。给出的或定性的评价结果区分度不大，使得评价结果没有多大价值，这种教学质量评价结果往往带有主观性、模糊性和片面性。教学评价常常偏离教育目标，或忽略和遗漏某些重要的教育目标。片面追求升学率，不注意发展学生的素质；只注重智育，忽视德、体、美、劳动技术教育；只着重知识教学，忽视能力和非智力因素的培养，知识、能力和素质不协调发展；在看待教师工作质量上只看教师所教学生的分数高低，不看教育目的是否全面实现，不看学生素质是否得到发展，这些情况不符合教学规律，不符合学生身心发展的特点，严重抑制了学生个性发展，违背了素质教育的基本思想，阻碍了我国教学事业的健康发展。领导对教师教学有个基本的评价，其评价方法大致有两种：一是建立在客观现实的基础上，另外一种是凭主观印象。后一种方法目前仍然居多数，极大地影响了教师工作积极性的发挥。我国教学评价大都采用自评的方式（主要是自己填表）这种评价方式几乎排斥学生对教学评价的参与，反映出高校教学评价的不合理性，在一定程度上抑制了学生的学习积极性。忽视专家的参与又会使评价的公正性和客观性受到怀疑，教师自评的教学方式无标准而言，逐渐流于形式。

我们进行的教学评价不注重形成性评价而注重总结性评价，形成性评价不能及时提供反馈意见，帮助教师改进教学。评价结果利用程度，对搞好评价的作用不可低估。评价结果利用得好，会对今后的评价工作起到极大的推动作用。我们的评价搞过之后结果不公开，既不能给教师提供改进教学的建议和方法，又不和职称、奖金挂钩，使评价显得毫无意义，这也是我们的教学评价难以开展的最重要的、最直接的原因。学校对评价之所以没有什么积极性是因为通过评价发现的问题如师资队伍、教学条件、仪器设备等仍然得不到解决，学校办得好，拨款也不见得增加，政策也不会倾斜；学校办得差，拨款也不会减少，对领导也没有影响。

我国的教学评价以课程评价为主，搞的多是单项评价，而且评价指标体系繁多、庞杂，显得很不成熟，增加了评价的工作量，导致结果失效。设计的调查表粗略，而且每一课程都一样，其科学性较差。回收的调查信息没有很好地分析整理形成书面材料，而是将这些信息束之高阁。在教学评价的组织与实施方面，没能形成指导，即时性强，行政强，从上到下，方方面面，牵涉范围广。教学评价队伍新手多、兼职多、半路出家多、基础薄弱，基础不高而且不稳定。

二、美国的教学评价概述

教育教学评价的理论形成于美国，如今美国的教学评价理论研究开展广泛，教学评价制度完备，组织健全，影响很大，其实践活动已有 150 年的历史，也亦专门化、制度化，究其原因有二。

第一，随着科学技术的迅猛发展，知识经济的到来，以及高等教育的飞速发展，社会对人才提出了新的要求，迫切需要改进教学工作、提高教育质量，培养满足社会需要的人才。美国非常重视教学质量，采用鉴定和认可方式，这是一种为控制质量而进行的自愿活动，是高等院校进行自我管理的一种主要方法，也是一个组织对所属院校教学质量达到预定标准的承认。通过认可鉴定把不符合教学质量标准的院校从被认可院校的名单中剔除，从而保证高校最起码的教学质量标准，社会就以评估为手段，影响、控制学校，学校则通过参加评价，争取得到社会的承认与支持。也就是说，其教育评价具有很强的开放性，是高校与社会沟通的重要渠道。

第二，美国的教学评价已成为高校自身管理的一种需要，教师改进教学方法、提高教学质量和教学水平，教师的聘请、续聘、提职等都有赖于教学评价的进行。美国教学评价是综合性的，已经形成一种制度。根据教学目标和教学标准，采用了教师自评、学生成绩考评、检查教学笔迹、旁听课程、录像分析、收集学生的反馈意见等方式，是在专业人员帮助下进行的，教学评价既可以帮助教师发现问题，改进教学，又可以成为校长给教师提升加薪的手段。在不同的历史时期，美国教学评价的侧重点各不相同。在 20 世纪初至 50 年代末，侧重在对教师的品质或个性特征的评价；在 60 年代到 70 年代中期，侧重点在于对教师的课堂教学行为及教学效果进行评价；70 年代 90 年代，侧重点是以综合的标准对教学设计、教学过程和教学效果等方面进行综合的全面的评价。90 年代以来，多元教学评价已成为美国教学评价发展的主要方向，开始被广泛运用于学校学科领域，成为评价学校教学质量和学生水平的重要策略。多元评价的种种实践已展开，纸、笔测验之外的多种评价方式，如观察、访谈、作品集项评价、轶事记录等开始出现在课程标准中，强调评价方式多元化、评价参与者多元化和评价内容多元化。

美国大部分大学都对课程进行系统分析，这种分析一般由系主任进行。必要时邀请系里或院里的有关学科专家参加，设计一套严密、完整和科学的调查表，然后就课程材料广泛征求意见。调查表的内容包括授课目的是否恰当，核心内容是否跟得上时代发展、实验安排是否合理、课堂教学是否合乎学生水平等，这些反馈信息被输入计算机，用计算机对这些信息进行整理、加工最后得出结论，根据课程评价结果加以改进，使之适应时代的发展需要。针对教师教学质量设计的调查表则要经过心理测验专家、教师委员会及学生代表数年的争论方可定稿。调查表要求学生对课堂的每一侧面都做出评价，在多项选择后还留出空白，以便使学生能写出进一步的意见。这种评价活动是在教学过程中进行的，这样信息反馈回来时，教师有时间改进教学。美国教学评价结果是公开的，学生可以根据评价结果选课；教师通过每年一次的教学质量评价，可以发现自己在教学过程中存在的不足；高校通过评价可以给教师提供丰富而详尽的即时性的改进教学的建议和努力方向，帮助教师提高其业务水平，同时还可以确定教师的续聘与提职。美国这种既注重总结性评价，更注重形成性评价，采用定性评价和定量评价相结合的办法可以说是其教学评价的一大特色。

三、对我国教学评价制度的构想

综上所述，经过对中美教学评价的比较分析，总结出向美国学习、借鉴的方面：要以面向全体学生、促进学生全面发展的思想为教学评价的指导思想，依据教育目标和教育方针把握教学评价的方向，搞好以改进教学为目的的形成性评价，重视综合评价，确定科学完整的评价程序，建立稳定规范的评价制度，逐步形成一种内部动力机制，充分调动广大教师的积极性，调动学校进行教学评价的积极性与主动性，充分发挥教学评价的作用，使之成为提高教学质量的重要手段，使评价成为教师搞好教学、提高自身业务能力的需要。采取科学的方法，使评价指标具体化和定量化，把教学评价同教师的奖励、晋升、聘任等直接利益联系起来，使教学评价具有一定的权威性和约束性。在评价实践中，逐步培养出一批专业人员，提高评价的科学性，更好地发挥评价的作用，使教学评价活动能够更有效、更深入。打破高教评价的封闭性，加强高教评价的开放性，积极地吸收学术团体、社会团体参加教学评价，密切学校与社会的联系，使高校培养出来的人才能更好地满足社会的需求。

第三章 中国考试体系

第一节 认识我国的考试

一、含义

通过书面、口头提问或实际操作等方式，考查应试者所掌握的知识和技能的活动，即："非开卷考试，除了题目，任何东西都不能看地做功课。"

要求应试者在规定的时间内按指定的方式解答精心选定的题目或按主测单位的要求完成一定的实际操作的任务，并由主考者评定其结果，从而为主测单位提供应试者某方面的知识或技能状况的信息。

二、分类

（一）宏观类别

1. 效果考试

无论从主考者的角度看，还是从学习者的角度看，效果考试都仅仅是检验学习者的学习水平，以便更好地制定随后的教学或学习方略。

在效果考试中，学习者一定要坦诚地展示自己的知识水平。靠一些小技巧可能会提高自己的测试成绩，但这种提高无疑会掩盖自己的真实水平，从而阻碍了教学者对学习者以及学习者对自己的知识掌握程度的清楚认识。

典型的效果考试有课堂考试、期中考试、期末考试。

2. 资格考试

资格考试的核心目的是，给予应试者一个公平竞争的机会，以获得某个更高层次的学习或工作平台的资格。严格地讲，资格考试也是效果考试的一种，因为资格考试的设计假设就是，只有拥有更高学习效果的学习者才能获得这一资格。但在某种程度上，会学习不会考试的学习者往往要败给不会学习会考试的学习者，因为前者就是不能在考场上淋漓尽致地发挥出自己的学习水平。

资格考试常常会严重影响一个人的命运，这就决定学习者在资格考试时会转化为考试者——在资格考试这一高度浓缩的时间段，一个人会不会学习已经不再是关键，会不会考试才是核心。

典型的资格考试有小升初、中考、高考。此外，分析师、律师资格考试、注册会计师考试、托福考试、GRE 等都是资格考试。

3. 两类考试区别

资格考试好比结束语，此前一直进行的学习似乎到这里便戛然而止。效果考试则好比一座座小桥，它只是为了更好地联系起桥前和桥后的学习。

对待这两类考试需有明显的不同态度，简略地说，就是：在效果考试中，"学习者"依然是"学习者"；在资格考试中，"学习者"则变成为"应试者"。

（二）常见考试

1. 升学考试

中国选拔优秀人才，向来以考试为准，在升学过程中考试就是必不可少的一部分。常见的升学考试有小升初、中考、高考等，其中高考也是最重要的考试之一。

2. 职位/资格考试

同样在选拔优秀员工或工作人员上，也有很多非常重要的考试。常见的有公务员考试、招聘考试等等。

3. 语言考试

改革开放，中国的留学和移民现象也越来越热，其中也出现一些相应的考试，留学和技术移民必须通过一定的语言测试，如去英美国家必考的雅思等等。

第二节　中国考试溯源

中国是考试的发祥地。作为一个文化早熟型的国家，考试制度的最早渊源可以追述到夏商周时期。1910 年出版的《大英百科全书》第 11 版"考试"条说："在历史上，最早的考试制度是中国用考试来选拔行政官员的制度，据公元前 1115 年的记载，以及对已进入仕途的官员的定期考核，据公元前 2200 年的记载。"考试一词由"考"与"试"二字组成，《尚书》中有"试可乃已"、"试不可用"，"敷奏以言，明试以功"，"三载考绩，三考黜陟幽明"等记载，《大英百科全书》的说法是根据19世纪末20世纪初一些西方学者有关科举的论著而来，而这些论著的说法又是根据《尚书》的记载而来。

"考"与"试"是意义相近的两个概念，皆有考查、检测、考核等多重含义。将"考"与"试"二字连用，始于西汉董仲舒的《春秋繁露》，该书《考功名篇》说："考试之法，大者缓，小者急；贵者舒，而贱者促。诸侯月试其国，州伯时试其部，四试而一考。天子岁天下，三试而一考。前后三考而黜陟，命之曰计。"由此可见，最初"考"字更侧重于考核政绩的含义，"试"字更侧重于测度优劣的含义。当"考"与"试"合为一个词之后，其内涵逐渐演变为特指考查知识或技能的方法和制度。考试是中国人的一大发明。我国古代的考试称之为科举考试，主要经历了如下发展历程和时期的过渡。

科举考试是隋唐到清代的封建王朝分科考选文武官吏及后备人员的制度。唐朝文科的科目很多，每年都举行。明清两代文科只设进士一科，考八股文。武科考骑射、举重等武艺。武则天时设立武举，即是武状元。

童生试：也叫"童试"，应试者不分年龄大小都称童生，合格（学习成绩优秀的一二等学生）后取得生员（秀才、相公）资格，这样才能参加科举考试。

乡试：明清两代每三年在各省省城举行的一次考试，由秀才参加，考取的叫举人，取得参加中央一级的会试的资格。第一名叫解元。

会试：明清两代每三年在京城举行的一次考试（会试在乡试的第二年举行），各省的举人及国子监监生皆可应考，录取三百名为贡士（又称中式进士），第一名叫会元。

殿试：是科举制度最高级别的考试，皇帝在殿廷上，对会试录取的贡士亲自策问，以定甲第。录取分三甲，赐"进士及第"的称号，第一名称状元（鼎元），第二名称榜眼，第三名称探花，合称"三甲鼎"；二甲若干名，赐"进士出身"的称号；三甲若干名。

明代的科举考试，分乡试、会试和殿试三级进行。乡试由布政使司主持，会试由礼部主持。凡考中进士的，统统被任命为官员。一般来说，状元授翰林院修撰，榜眼、探花授翰林院编修，二三甲考选为庶吉士，也都是翰林院官，其他或授给事、御史、主事，或授府推官、知州、知县等。未考中的举人，只授小京官或外地教职。

考取童生（秀才）要经过县试、院试和府试三级进行。县试在2月进行，要求有4名村庄里的人和1名秀才保举方可考试。院试则要求有4名村庄里的人和2名秀才保举。府试考取的就叫生员（秀才）。乡试考中的第一名叫做解元。会试第一名叫做会元。殿试第一名叫做状元。

科举是中国古代读书人的所参加的人才选拔考试。它是历代封建王朝通过考试选拔官吏的一种制度。由于采用分科取士的办法，所以叫做科举。科举制从隋代开始实行，到清光绪二十七年举行最后一科进士考试为止，经历了 1300 多年。

1. 隋朝——中国古代科举制度的起源

中国古代科举制度最早起源于隋代。隋朝统一全国后，为了适应封建经济和政治关系的发展变化，为了扩大封建统治阶级参与政权的要求，加强中央集权，于是把选拔官吏的权力收归中央，用科举制代替九品中正制。隋炀帝大业三年开设进士科，用考试办法来选取进士。进士一词初见于《礼记·王制》篇，其本义为可以进受爵禄之义。当时主要考时务策，就是有关当时国家政治生活方面的政治论文，叫试策。这种分科取士，以试策取士的办法，在当时虽是草创时期，并不形成制度，但把读书、应考和作官三者紧密结合起来，揭开中国选举史上新的一页。唐玄宗时礼部尚书沈既济对这个历史性的变化有过中肯的评价："前代选用，皆州郡察举……至于齐隋，不胜其弊……是以置州府之权而归于吏部。自隋罢外选，招天下之人，聚于京师春还秋往，乌聚云合。"

2. 唐朝——中国古代科举制度的完备

推翻隋朝的统治后，唐王朝的帝王承袭了隋朝传下来的人才选拔制度，并做了进一步的完善。由此，科举制度逐渐完备起来。在唐代，考试的科目分常科和制科两类。每年分期举行的称常科，由皇帝下诏临时举行的考试称制科。

常科的科目有秀才、明经、进士、俊士、明法、明字、明算等50 多种。其中明法、明算、明字等科，不为人重视。俊士等科不经常举行，秀才一科，在唐初要求很高，后来渐废。所以，明经、进士两科便成为唐代常科的主要科目。唐高宗以后进士科尤为时人所重。唐朝许多宰相大多是进士出身。常科的考生有两个来源，一个是生徒，一个是乡贡。由京师及州县学馆出身，而送往尚书省受试者叫生徒。不由学馆而先经州县考试，及第后再送尚书省应试者叫乡贡。由乡贡入京应试者通称举人。州县考试称为解试，尚书省的考试通称省试，或礼部试。礼部试都在春季举行，故又称春闱，闱也就是考场的意思。

明经、进士两科，最初都只是试策，考试的内容为经义或时务。后来两种考试的科目虽有变化，但基本精神是进士重诗赋，明经重帖经、墨义。所谓帖经，就是将经书任揭一页，将左右两边蒙上，中间只开一行，再用纸帖盖三字，令试者填充。墨义是对经文的字句作简单的笔试。帖经与墨义，只要熟读经传和注释就可中试，诗赋则需要具有文学才能。进士科得第很难，所以当时流传有"三十老明经，五十少进士"的说法。

常科考试最初由吏部考功员外郎主持，后改由礼部侍郎主持，称"权知贡举"。进士及第称"登龙门"，第一名曰状元或状头。同榜人要凑钱举行庆贺活动，以同榜少年二人在名园探采名花，称探花使。要集体到杏园参加宴会，叫探花宴。宴会以后，同到慈恩寺的雁塔下题名以显其荣耀，所以又把中进士称为"雁塔题名"。唐孟郊曾作《登科后》诗："春风得意马蹄疾，一朝看遍长安花。"所以，春风得意又成为进士及第的代称。常科登第后，还要经吏部考试，叫选试。合格者，才能授予官职。唐代大家柳宗元进士及第后，以博学宏词，被即刻授予"集贤殿正字"。如果吏部考试落选，只能到节度使那儿去当幕僚，再争取得到国家正式委任的官职。韩愈在考中进士后，三次选试都未通过，不得不去担任节度使的幕僚，才踏进官场。

唐代取士，不仅看考试成绩，还要有各名人士的推荐。因此，考生纷纷奔走于公卿门下，向他们投献自己的代表作，叫投卷。向礼部投的叫公卷，向达官贵人投的叫行卷。投卷确实使有才能的人显露头角，如诗人白居易向顾况投诗《赋得原上草》受到老诗人的极力称赞。但是弄虚作假，欺世盗名的也不乏其人。

武则天载初元年二月，女皇亲自"策问贡人于洛成殿"，这是我国科举制度中殿试的开始，但在唐代并没有形成制度。

在唐代还产生了武举。武举开始于武则天长安二年，公元702年。应武举的考生来源于乡贡，由兵部主考。考试科目有马射、步射、平射、马枪、负重等。"高第者授以官，其次以类升"。

3．宋朝——中国古代科举制度的改革时期

宋代的科举，大体同唐代一样，有常科、制科和武举。相比之下，宋代常科的科目比唐代大为减少，其中进士科仍然最受重视，进士一等多数可官至宰相，所以宋人以进士科为宰相科。宋吕祖谦说："进士之科，往往皆为将相，皆极通显。"当时有焚香礼进士之语。进士科之外，其它科目总称诸科。宋代科举，在形式和内容上都进行了重大的改革。

首先，宋代的科举放宽了录取和作用的范围。宋代进士分为三等：一等称进士及等；二等称进士出身；三等赐同进士出身。由于扩大了录取范围，名额也成倍增加。唐代录取进士，每次不过二三十人，少则几人、十几人。宋代每次录取多达二三百人，甚至五六百人。对于屡考不第的考生，允许他们在遇到皇帝策试时，报名参加附试，叫特奏名。也可奏请皇帝开恩，赏赐出身资格，委派官吏，开后世恩科的先例。

宋代确立了三年一次的三级考试制度。宋初科举，仅有两级考试制度。一级是由各州举行的取解试，一级是礼部举行的省试。宋太祖为了选拔真正踏实于封建统治而又有才干的人担任官职，为之服务，于开宝六年实行殿试。自此以后，殿试成为科举制度的最高一级的考试，并正式确立了州试、省试和殿试的三级科举考试制度。殿试以后，不须再经吏部考试，直接授官。宋太祖还下令，考试及第后，不准对考官称师门，或自称门生。这样，所有及第的人都成了天子门生。殿试后分三甲放榜。南宋以后，还要举行皇帝宣布登科进士名次的典礼，并赐宴于琼苑，故称琼林宴，以后各代仿效，遂成定制。宋代科举，最初是每年举行一次，有时一二年不定。宋英宗治平三年，才正式定为三年一次。每年秋天，各州进行考试，第二年春天，由礼部进行考试。省试当年进行殿试。

从宋代开始，科举开始实行糊名和誊录，并建立防止徇私的新制度。从隋唐开科取士之后，徇私舞弊现象越来越严重。对此，宋代统治者采取了一些措施，主要是糊名和誊录制度的建立。糊名，就是把考生考卷上的姓名、籍贯等密封起来，又称"弥封"或"封弥"。宋太宗时，根据陈靖的建议，对殿试实行糊名制。后来，宋仁宗下诏省试、州试均实行糊名制。但是，糊名之后，还可以认识字画。根据袁州人李夷宾建议，将考生的试卷另行誊录。考官评阅试卷时，不仅仅知道考生的姓名，连考生的字迹也无从辨认。这种制度，对于防止主考官徇情取舍的确发生了很大的效力。但是，到了北宋末年，由于政治日趋腐败，此项制度也就流于形式了。宋代在考试形式上的改革，不但没有革除科举的痼疾，反而使它进一步恶化。

宋代科举在考试内容上也作了较大的改革。宋代科举基本上沿袭唐制，进士科考帖经、墨义和诗赋，弊病很大。进士以声韵为务，多昧古今；明经只强记博诵，而其义理，学而无用。王安石任参知政事后，对科举考试的内容着手进行改革，取消诗赋、帖经、墨义，专以经义、论、策取士。所谓经义，与论相似，是篇短文，只限于用经书中的语句作题目，并用经书中的意思去发挥。王安石对考试内容的改革，在于通经致用。熙宁八年，神宗下令废除诗赋、贴经、墨义取士，颁发王安石的《三经新义》和论、策取士。并把《易官义》、《诗经》、《书经》、《周礼》、《礼记》称为大经，《论语》、《孟子》称为兼经，定为应考士子的必读书。规定进士考试为四场：一场考大经，二场考兼经，三场考论，最后一场考策。殿试仅考策，限千字以上。王安石的改革，遭到苏轼等人的反对。后来随着政治斗争的变化，《三经新义》被取消，有时考诗赋，有时考经义，有时兼而有之，变换不定。

4. 明朝——中国古代科举制度的鼎盛时期

元代开始，蒙古人统治中原，科举考试进入中落时期，但以四书试士，却是元代所开的先例。

元朝灭亡后，明王朝建立，科举制进入了它的鼎盛时期。明代统治者对科举高度重视，科举方法之严密也超过了以往历代。

明代以前，学校只是为科举输送考生的途径之一。到了明代，进学校却成为了科举的必由之路。明代入国子监学习的，通称监生。监生大体有四类：生员入监读书的称贡监，官僚子弟入监的称荫监，举人入监的称举监，捐资入监的称例监。监生可以直接做官。特别是明初，以监生而出任中央和地方大员的多不胜举。明成祖以后，监生直接做官的机会越来越少，却可以直接参加乡试，通过科举做官。

参加乡试的，除监生外，还有科举生员。只有进入学校，成为生员，才有可能入监学习或成为科举生员。明代的府学、州学、县学、称作郡学或儒学。凡经过本省各级考试进入府、州、县学的，通称生员，俗称秀才。取得生员资格的入学考试叫童试，也叫小考、小试。童生试包括县试、府试和院试三个阶段。院试由各省学政主持，学政又名提督学院，故称这级考试为院试。院试合格者称生员，然后分别分往府、州、县学学习。生员分三等，有廪生、增生、附生。由官府供给膳食的称廪膳生员，简称廪生；定员以外增加的称增广生员，科称增生；于廪生、增生外再增名额，附于诸生之末，称为附学生员，科称附生。考取生员，是功名的起点。一方面、各府、州、县学中的生员选拔出来为贡生，可以直接进入国子监成为监生。一方面，由各省提学官举行岁考、科考两级考试，按成绩分为六等。科考列一二等者，取得参加乡试的资格，称科举生员。因此，进入学校是科举阶梯的第一级。

明代正式科举考试分为乡试、会试、殿试三级。乡试是由南、北直隶和各布政使司举行的地方考试。地点在南、北京府、布政使司驻地。每三年一次，逢子、午、卯、酉年举行。考试的试场称为贡院。考期在秋季八月，故又称秋闱。凡本省科举生员与监生均可应考。主持乡试的有主考二人，同考四人，提调一人，其它官员若干人。考试分三场，分别于八月九日、十二日和十五日进行。乡试考中的称举人，俗称孝廉，第一名称解元。唐伯虎乡试第一，故称唐解元。乡试中举叫乙榜，又叫乙科。放榜之时，正值桂花飘香，故又称桂榜。放榜后，由巡抚主持鹿鸣宴。席间唱《鹿鸣》诗，跳魁星舞。

会试是由礼部主持的全国考试。于乡试的第二年即逢辰、戌、未年举行。全国举人在京师会试，考期在春季二月，故称春闱。会试也分三场，分别在二月初九、十二、十五日举行。由于会试是较高一级的考试，同考官的人数比乡试多一倍。主考、同考以及提调等官，都由较高级的官员担任。主考官称总裁，又称座主或座师。考中的称贡士，俗称出贡，别称明经，第一名称会元。

殿试在会师后当年举行，时间最初是三月初一。明宪宗成经八年起，改为三月十五。应试者为贡士。贡士在殿试中均不落榜，只是由皇帝重新安排名次。殿试由皇帝新自主持，只考时务策一道。殿试毕，次日读卷，又次日放榜。录取分三甲：一甲三名，赐进士及第，第一名称状元、鼎元，二名榜眼，三名探花，合称三鼎甲。二甲赐进士出身，三甲赐同进士出身。二三甲第一名皆称传胪。一二三甲通称进士。进士榜称甲榜，或称甲科。进士榜用黄纸书写，故叫黄甲，也称金榜，中进士称金榜题名。

乡试第一名叫解元，会试第一名叫会元，加上殿试一甲第一名的状元，合称三元。连中三元，是科举场中的佳话。明代连中三元者仅洪武年间的许观和正统年间的商辂二人而已。

殿试之后，状元授翰林院修撰，榜眼、探花授编修。其余进士经过考试合格者，叫翰林院庶吉士。三年后考试合格者，分别授予翰林院编修、检讨等官，其余分发各部任主事等职，或以知县优先委用，称为散馆。庶吉士出身的人升迁很快，英宗以后，朝廷形成非进士不入翰林，非翰林不入内阁的局面。

明代乡试、会试头场考八股文。而能否考中，主要取决于八股文的优劣。所以，一般读书人往往把毕生精力用在八股文上。八股文以四书、五经中的文句做题目，只能依照题义阐述其中的义理。措词要用古人语气，即所谓代圣贤立言。格式也很死。结构有一定程式，字数有一定限制，句法要求对偶。八股文也称制义、制艺、时文、时艺、八比文、四书文。八股文即用八个排偶组成的文章，一般分为六段。以首句破题，两句承题，然后阐述为什么，谓之起源。八股文的主要部分，是起股、中股、后股、束股四个段落，每个段落各有两段。篇末用大结，称复收大结。八股文是由宋代的经义演变而成。八股文的危害极大，严重束缚人们的思想，是维护封建专制治的工具，同进也把科举考试制度本身引向绝路。明末清初著名学者顾炎武愤慨地说："八股盛而《六经》微，十八房兴而二十一史废"。又说："愚以为八股之害，甚于焚书。"

5. 清代——中国古代科举制度的灭亡

清代的科举制度与明代基本相同，但它贯彻的是民族歧视政策。满人享有种种特权，做官不必经过科举途径。清代科举在雍正前分满汉两榜取士，旗人在乡试、会试中享有特殊的优特，只考翻译一篇，称翻译科。以后，虽然改为满人、汉人同试，但参加考试的仍以汉人为最多。

科举制发展到清代，日趋没落，弊端也越来越多。清代统治者对科场舞弊的处分虽然特别严厉，但由于科举制本身的弊病，舞弊越演越烈，科举制终于消亡。

第四章 考试评价概论

第一节 考试的功能与价值

一、功能

考试是主导教育或人才选拔与使用的一只无形的手，是指对人的知识、智力、能力、个性和品德的测试。理由是：（1）价值离不开客体，也离不开主体，规定价值，只能从客体与主体的关系出发。（2）价值离不开客体的属性，也离不开主体的需要，规定价值，只能从客体属性满足主体需要的关系出发。首先，客体的属性决定着客体能否对主体有用以及有用的程度。马克思对此说得十分清楚：如果去掉使葡萄成为葡萄的那些属性，那么葡萄对人的使用价值就消失了；其次，主体的需要决定着主体是否与客体发生联系定。人们通过考试实施这种测定，都是为了达到某种具体的目的，如在教育系统中，为了录取新生组织的招生考试；为了鉴定学生是否达到某一学科知识水平举行的期中测验和期末考试，以及对自考生举行的合格达标考试等。在社会系统中有招聘单位对应聘者进行的招工招干考试，如公务员录用必须经过笔试、面试等，目的是甄别应试者在知识和能力上的优劣，经过筛选，择优录用。用人单位对工作人员的考试一般称为考核或考察，有平时考核、年终考核、晋升考察等等。几千年来，考试之所以能延续不衰，是因为考试是人们迄今创造的测量人的知识和智能所用的方法中比较客观、公正、准确、高效的一种方法，它的功能多元，所以被最为广泛地利用和研究。考试的功能主要有评定功能、诊断和反馈功能、预测功能、导向功能、激励功能。

（一）考试的评定功能

考试能够评价、鉴定应试者在某方面的知识和能力是否达到了规定的水平和标准。这是进行各种水平考试、资格考试和标准考试的依据。考试之所以具有评定功能，首先是因为考试能够比较全面地反映被测人在知识和能力上是否已经达到了规定的水平。其次是主考者因为通过多次测试，能够比较准确地把握住标准线，使考试成绩凡是在合格标准线之上的，就能够确定已基本达到规定的知识、能力水平。所以在学校系统中都采用通过中考、高考，划定分数线录取新生。在校生则通过期中考、学期考、毕业考，来确定升留级和毕业。自考生则要一门一门学科经过国家统考合格，达到了规定的标准，证明已经达到大学的知识和能力水平才能毕业，发给毕业证书。

在人才招聘方面，聘用者根据岗位要求组织考试，根据应聘者的考试成绩评定结果，进行筛选，择优录用。考试在人才使用中也有重要作用，人才具有不同的类型、层次、水平、特点和专长，他们在品德上有不同的素养，在知识上有不同的水平，在能力上有不同的倾向，在业绩上有不同的表现。为了适才适用，使之合理流动，各得其所，各扬其长，各尽所能，分辨他们的知识水平和能力倾向，识别其长短所在，真正做到知人善任是十分必要的。而考核和考察的评定功能，就是这种分辨、识才、用才的可行方法之一。所以单位用人都比较重视对员工的德、识、才、绩进行平时考察、年终考核和任期考察，来确定员工中的业绩优秀者给予奖励、晋升，以资鼓励；工作合格者继续聘用，不合格者给予解聘，并对学有所长、学非所用者给予换岗，做到人尽其才。

（二）考试的诊断和反馈功能

学校考试能够检测学生在知识和能力掌握上的不足与问题所在，给学生提供改进学习的信息，给教师提供调整和改进教学的信息。这就是考试的诊断和反馈功能。考试提供给主考者的信息有两个方面：一是反映每个考生的知识、能力水平的等级或分数，与此同时还通过考生解答的试卷或记录材料，记录着每个考生对每一具体问题的见解，从中可以分析得出每个考生对考核内容的掌握情况，哪些掌握得好，哪些较差，问题出在何处。这些情况反馈给考生本人及其教师，对他们有针对性地改进学习和教学是大有裨益的。所以在考试之后，教师都要进行试卷分析和教学检查，并将试卷分析情况对学生进行讲评，指出学生学习的优点、缺点、注意事项和努力方向，教师对学生的这种学习指导是非常有效的。

考试的诊断和反馈功能通常应用于学校的教与学双方，但在招聘考试中，用人考核方面也有它的特殊作用。

比如招聘考试内容的针对性与考试方法的可行性，根据招聘考试实践都在不断反思与调整。知人善任是领导者的要务，所以用人考核（察）的途径、内涵与方法的合理性与有效性，历来是领导管理者经常关注与研究的一个主题。

（三）考试的预测功能

主考者通过对被试者的考试，可以在了解被试者的现状的同时，看到被试者未来发展的趋势。如中小学举行才艺竞赛和学科竞赛考试，其主要目的之一是早期发现人才苗子，以便因材施教，加以专门培养，给他们吃"小灶"，使之大器早成。人各有长，在人才招聘方面，聘用方通过专门考试，往往可以预测应聘者在哪一方面有与众不同的优势和潜力，有特殊培养前途和使用价值，可以发挥较大的作用，这在网罗人才方面是有特殊功用的。在人才使用方面，通过实践考核，也可以根据在职人员的现实表现去预测未来的结果。

（四）考试的导向功能

人们都说考试是一根"指挥棒"，考试的要求指向那里，教师和学生就会向哪里去努力，以期达到考试的要求，取得优异的考试成绩。为此学校对考试要求和命题非常讲究，给中小学生出的试题，必定是中小学教学大纲要求中小学生应掌握的知识和能力。所以老师的教和学生的学也都围绕教科书和教学大纲的要求进行。高等教育自学考试是各省考试办组织主考院校教师按各专业、各年级所开课程的考试大纲来命题的，考试范围比较广，学生必须在全面掌握的基础上突出重点，才能考出好成绩，取得较高的合格率，所以教师的教和自考生的学都比较注意这个特点，特别注意学法指导，指导学生学会自学。

自学考试命题的标准和方向直接影响自学者的学习和助学者的教学。从标准上说，标准过高，就会使助学者无所适从，自学者望而生畏；标准过低，会使助学者降低要求，自学者文凭贬值，导致有文凭而没水平。从内容和导向上说，如只出几道重点题，自学者和助学者就会在押重点题上下功夫，忽视知识的全面而系统的掌握；如果试题覆盖面广，并适当突出重点，自学者就会在全面学习的基础上去掌握重点；如果多考记忆性的试题，自学者就会在死记硬背上下功夫，如果着重考自考生对基本理论的理解及应用能力的培养，自学者就会在弄懂弄通和灵活运用上下功夫。因此自学考试的命题必须按照考试大纲，坚持标准，扩大试题考查面，注重考查知识的理解及运用，以此作为对助学和自学双方的正确导向，提高自考助学的教学质量。

（五）考试的激励功能

考试成绩是衡量教与学有效性的一个质量指标，考场是展示教师教学与学生学习成功的平台，所以考试如同收获，考试获得优异成绩就意味着教与学取得双丰收。成绩优秀，体现教师教学的成功和学生学习的成就，这种"成就欲"能极大地激励考生及其教育者的积极性和上进心，促使他们更加勤奋地学习和工作，这就是考试的激励功能。

争取在考试中取得好成绩，这对于学习者和教育者来说是一种积极的心理内驱力。一方面我们要重视这种动力的积极作用，不能忽视它；另一方面，也不能把考试作为激励学习的唯一方法而滥用，否则，就很可能会出现"为了考试而学习"的反常现象，或者出现对频繁考试的厌倦心理。用人单位经过对员工的考核，给优秀者以奖金、奖状、奖品，甚至晋级加薪等等，树立先进榜样，也是为了发挥考核的激励功能，鼓励员工继续努力，鼓励员工再接再厉，更上一层楼。

综上所述，考试有评定、诊断和反馈、预测和激励等多种功能，这些功能不是相互分割的，而是综合起作用的。它对教育、识才、用才等诸多方面都有着广泛的应用价值，所以很值得我们认真研究，正确运用，充分发挥考试在学校教育，人才招聘和人才使用等方面的积极作用。

二、考试价值及其实现

（一）考试价值概念的界定

关于价值的定义，一种倾向性意见认为：价值是客体属性对于主体需要的满足，是客体属性满足主体需要的一种现实效。没有主体的需要，或者不与主体的需要相联系，就谈不上客体属性对于主体需要的满足。在主客体相互作用的价值活动中，价值关系把客体属性与主体需要现实地联结起来，价值以价值关系为载体，存在于价值关系之中。价值关系则以价值为内容，并通过客体属性满足主体需要的现实效应具体地反映出来，规定价值，只能从客体属性满足主体需要的现实效应出发。

一般而言，在一定的价值关系中，价值客体的某一固定属性，只能满足某一价值主体的需要，如吃饭是为了充饥，喝水是为了解渴。虽然有时价值客体的某一固定属性，可能会满足几个价值主体的需要，但这几个价值主体的需要，是有主次之分的。而考试中的价值关系则不然，考试价值具有明显的双元主体性。考试作为一种测度、甄别人的身心素质个别差异的人本化社会活动，它不仅要满足社会的需要，而且要满足个体的人的需要：社会希冀通过考试来维持社会集团、阶级、种族等的续与发展，推动社会的进步；而个体的人则需要延通过考试来适应生活，适应社会，并在此基础上进一步达到个性的自我完善。可见，在考试价值关系中，存在着两个价值主体：社会和人。考试必须满足这两个主体的需要。

据上述分析，考试价值是指作为客体的考试的属性对作为主体的人及社会的需要的满足，是考试属性满足人及社会需要的一种现实效应。

（二）考试价值分析

考试价值分类是考试价值研究中的一项重要内容，从不同的角度，依据不同的标准，人们可以得出不同的分类结果，如依据考试价值关系的客体承担者可分为内在的本体价值和外在的工具价值，依据考试价值的性质可分为积极的价值（正价值）和消极的价值（负价值），依据考试的发展方向可分为理想的价值和现实的价值等等。对考试价值分类，应该从考试价值的内涵出发，依据考试活动本身的特点来进行。据此，可以主要从考试满足考试的价值主体人的需要及社会的需要两个方面来考察考试价值：一种是考试对人的价值即考试人本价值，它反映的是作为个体的人的发展需要与考试所能适应与满足的程度之间的关系；一种是考试对社会的价值即考试社会价值，它指的是人类社会的发展需要与考试所能适应与满足的程度之间的关系。

1. 考试人本价值

考试的本质是对人的身心素质个别差异进行测度与甄别，它以人为出发点，以人为最终归宿，因此考试人本价值是考试的本质属性与根本功能的体现，是最核心、最基本的价值。考试人本价值就体现在促进人的社会化及个性化的圆满实现上。

（1）考试促进人的社会化的实现

人的社会化是指作为个体的生物人成长为社会人，并逐步适应社会生活的过程。人的社会化包括两方面的涵义：一是个人在社会中通过学习，掌握社会的知识、技能和规范；二是个人积极参与社会生活，介入社会环境，参加社会关系系统，再现社会经验。其核心是用社会文化武装个人，用社会统一的行为规范指导和约束个人，用社会公认的人格模式造就个人。社会化是个人得以适应社会，参与社会生活，在社会环境中独立生存的必要前提。

人的社会化不是自然而然地实现的，它是社会教化与个体内化互助的结果。其中，社会教化是人的社会化的外部动因，在人的社会化过程中起着主导作用，它向个人提出明确的社会期望，引导和制约着个人社会化的方向，为个人社会化的实现提供特定的氛围和情境等。

考试作为社会教化的重要手段，在人的社会化实现过程中发挥着重要的促进作用：（a）考试通过考试目的、考试内容和考试标准等形式将社会期望全面呈现在考生面前，为考生的社会化行为树立标尺，进行定向；（b）考试通过对考生身心素质个别差异及其变化状况的科学检测，将考生的社会化状况和程度及时显现出来，控制其社会化的进程，调整其社会化的节奏，克服其"社会化不足"与"过分社会化"的倾向；（c）考试作为一种人类社会文化现象，其活动本身所呈现的文化特性能潜移默化地促进人的社会化的实现。

（2）考试促进人的个性化的实现

个性是一个人在他的内在生理素质的基础上，在一定社会历史条件下，通过社会生活的实践锻炼与陶冶，逐步形成的观念、态度、气质与习惯等，它是一个人比较稳定的生理素质、心理素质和社会行为特征的总和。人的个性，作为人与人相区别的内在根据，有着十分显著的自主性、独特性的特点。自主性是区别人与人之间主体发展状态的标志，自主性的人是客观环境的支配者和控制者，是自己活动的主人，能以自己的思维来支配自己的行为，不盲目受客观环境的支配，也不盲目顺从他人的意愿，能自我调节和自我控制，具有自律性。独特性是个性的主要标志之一，人和人之间没有完全相同的个性。一个有独特个性的人在社会生活中，往往根据自身的生理心理特征去接受社会教化，以个人特有的方式融汇社会生活经验；在不同的甚至是彼此冲突的社会影响面前，可以根据自己的意识作出判断和决定；根据社会生活的变化，能动地调整、构造自我和行为。个性的形成和发展是在一定的遗传或生理素质和一定的社会条件基础上，通过社会实践活动逐步实现的。人的个性化，即是指作为个体的人在通过活动与社会环境的作用中逐步形成符合社会价值标准的独特个性的过程。个性化是个体的人独立参与社会生活，充分发展自主性、创造性，推动社会进步的必要前提。

考试作为重要的社会环境，在促进人的个性化的实现方面发挥着重要作用：（1）考试能为个体提供十分明晰的身心素质个别差异的信息，为个体选择自身的个性化发展方向及其发展程度提供依据；（2）考试能为个体提供较为清晰的社会价值标准，促使个体个性化的形成能在符合总体社会价值的范围内进行；（3）考试能为个体提供一个公平竞争的氛围和环境，满足个体特殊的合理的价值需求，促进个体个性化的实现。

（二）考试社会价值

考试是人类社会特有的现象，它产生于社会生产和社会生活的客观需要，并随社会的发展而不断改变其内容、性质和模式，以发挥不同社会或时代所期求的功能。因此，考试的社会价值客观存在。根据社会学的观点，所谓社会是指以共同物质生产活动为基础而相互联系的人们生活的共同体。社会是一个由相互联系的各种要素构成的，具有一定的结构和功能，按照一定的规律运转和变化的系统。社会系统的运行是社会存在的基本形式和经常状态。社会系统的良性运行与协调发展是指特定社会的子系统之间以及各系统内不同部分、不同层次之间的相互促进，社会障碍、失调等因素被控制在最小的限度和最小的范围之内。考试作为重要的社会调控手段，其社会价值就体现在促进社会系统的良性运行与协调发展上，具体表现为两个方面。

1. 调节社会结构，促进社会系统结构性协调

社会结构是社会系统运行的基础，它对社会系统的运行状态起着根本性的制约作用。社会系统良性运行与协调发展必须建立在结构协调的基础上。社会系统结构性协调要求社会要素的联系具有较高的有序性、合理的比例与排列和严密的组织性。由于社会是由人组成的社会，社会系统结构性协调的核心是构成社会各部分的人的结构性协调。因此，通过宏观调控人才的流向，合理配置人力资源，就可以实现社会系统的结构性协调。而以测度与甄别人的身心素质个别差异为本质的考试，恰恰能根据社会系统结构性协调的客观需要，甄别选拔人才，调控人才流向，通过人力资源的合理配置实现社会结构的协调化，从而促进社会系统的良性运行与协调

发展。

2. 释放社会张力，促进社会系统功能性协调

社会系统的良性运行与协调发展还有赖于社会系统的功能性协调。所谓功能性协调是指社会系统的活动和作用相互配合、相互促进。社会学认为，阶级、集团与个人的不同利益及其意见的表达与实现若经常受阻，社会就会积累冲突的因素，不满情绪等冲突因素积累到一定程度就会出现功能性失调。开辟各种经常性与制度化的渠道，释放社会不满因素积累起来的社会张力，控制社会系统构成要素的失调，可以实现社会系统的功能性协调，促进社会系统的良性运行与协调发展。考试是释放社会张力的重要手段之一。因为考试最大的特点就是公平性，它能为社会成员提供公平竞争的机会和条件。考试释放社会张力，主要是指考试通过改变人们自身的切身利益同社会总目标的相关关系，能有效地激发人的内在潜能，促使人充分发挥自己的兴趣和才智，大大提高整个社会的整合程度，从而实现以系统整体功能协调化为特征的社会系统良性运行与协调发展。

（三）考试价值的实现

考试作为一种测度、甄别人的身心素质个别差异的人本化社会活动，既是一种价值性活动，又是一种规律性活动。任何考试活动，不仅要追求某种考试价值，而且应遵循一定的考试规律。作为一种价值性活动，它要受到考试活动主体价值需要的制约；作为一种规律性活动，它要受到考试客观规律的制约。不合目的的考试，人们不愿为，也就没有所谓实现考试价值；不合规律的考试，人们不能为，也谈不上实现考试价值。因此，考试价值的实现与否以及

实现的程度如何，将受到考试规律和考试活动主体需要的双重制约，合目的性与合规律性的统一是实现考试价值的前提条件。

1. 遵循考试规律，按考试规律开展考试活动，是实现考试价值的基本前提

所谓考试规律，简单讲就是考试活动的客观必然性。一般认为，考试具有三大规律，即考试适应社会发展的规律，考试适应人的身心发展的规律，考试自身运行的规律。考试适应社会发展的规律，是指考试是一种社会现象、社会行为、社会活动，考试与社会是局部和整体的关系。考试作为相对独立的社会活动参与社会的整体运行，必须满足（而不是破坏）社会系统整体运行的功能需要。人们只有将考试作为一个相对独立的开放系统植根于整个社会系统中开展考试活动，才能发挥考试的效能。考试适应人的身心发展规律，是指考试活动的对象是人。考试的设计与实施只有针对不同对象身心发展的特点，才能得到应试者的密切配合，使主试与被试两种主体之间的交互活动协调一致，真正用欲测的内容去测出应试者被测方面客观存在的质与量，对个体素质或智能方面的差异作出较为准确的判断。考试自身运行的规律，是指考试作为一个相对独立的系统，从确立测试目的、设计实施直至分析处理考试结果，都有其特有的运行规律，是一个多环节的有序流程，步骤分明，程序严密。一般说，考试的目的、内容、方法、手段等，是根据实际需要及所具备的条件而定的，但考试的程序、步骤却是相对稳定的，不能随意颠倒次序。人们从事考试活动，必须严格按考试规律来进行。

考试规律是考试活动的法则，是考试活动的客观依据。不顾考

试与社会的必然联系，考试就成了无外在根据的无规则活动；不顾考试与人的必然联系，考试就成了无内在根据的无针对性活动；不顾考试自身的运行规律，考试就成了无规律可循的紊乱活动。因此，只有按考试规律开展考试活动，才可能发挥考试效能，实现考试价值。

2. 坚持考试的人本价值和社会价值的统一，是实现考试价值的必然要求

考试价值与考试规律都是建构考试活动所不可或缺的依据。考试规律遵循的是考试事实的客观尺度，反映考试活动的客观必然。考试价值遵循的是考试活动主体的主观尺度，反映的是考试活动的主观应然。从应然出发利用必然才能实现考试价值。

在考试价值关系中，存在着两个价值主体：社会和人。考试必须满足这两个方面的需要，才能真正实现其价值。虽然现代社会以前的考试，满足的主要是社会需要，主要是为社会服务，从未真正重视过如何满足个体需要，但这并不是说考试满足的对象只有社会这个价值主体，也并不意味着考试通过牺牲个体需要来满足社会需要的现象是合理的。

考试活动不能同时满足人和社会的需要，是由于生产力的不发达而造成的对人的需要无法满足所致。由于生产力不发达，社会产品还不能满足每一个个体的物质需要和以此为基础的其他需要。因此，由个体组成的社会和个体之间必然存在着供求矛盾：一方面，由于各个体之间的需要不一样，某一个体需要的满足可能恰好会损害另一个个体需要的满足。而社会需要在某些方面，主要是反映大多数人的利益和需要，这种需要的满足，肯定要以小部分人的利益

受损为前提；另一方面，社会所产生的某些需要，并不一定代表大多数人的利益，不一定是大多数人的需要的反映。社会和个体之间的这种矛盾，使考试价值形成了下面三种情况：（1）当考试价值关系中的两个价值主体即社会和个体在某些方面的需要基本一致时，考试对社会和个体都起积极作用，呈正价值属性；（2）当考试价值关系中的价值主体社会和个体在某些方面的需要完全不一致时，考试对社会和个体都起消极作用，呈负价值属性；（3）当考试价值关系中的价值主体社会和个体在某些方面的需要发生矛盾时，考试只能满足一个价值主体的需要，而不能满足甚至会损害另一个价值主体的需要，考试呈现出价值实现的两难境地。第一种情况是人们着力追求的，第二种情况是人们着力避免的，而第三种情况是考试中最常见、最具特色、最值得重视的。对于第三种情况的处理，历史上的考试从总体上来讲，都是侧重于满足社会需要而压制个体的需要，这就必然带来考试价值实现的低水平。

现代社会，随着人们对人的价值的重视，重视个体需要、重视个体的发展，已成为衡量考试活动价值大小的重要尺度。因此，当考试处于两难境地时，现代考试需要坚持考试的人本价值和社会价值的统一。一方面，考试要调整、改造自己的内容、形式，尽量使两个主体的需要都得到满足；另一方面，考试必须通过自身的力量来协调两个主体的矛盾。通过考试，或者使个体的某些需要产生转化并使之和社会需要协调起来；或者使社会对人的某些要求有所改变，从而使社会需要和个体需要之间的冲突降到尽可能低的限度。只有这样，才能充分实现考试价值。

须说明的是，考试价值实现是一个历史的过程。由于受人的认识能力和生产力发展水平及现实条件的限制，人们对考试规律的认识与把握，对考试的人本价值与社会价值的协调统一能力，都将具有历史的局限。企图超越历史，一步到位地实现考试价值的想法和做法，不仅是不现实的，而且是极为有害的，必须予以坚决克服。当然，人们须积极创造条件来努力提高考试价值的实现程度。

第二节　考试评价的涵义及其特点探讨

一、考试评价的涵义

（一）评价界说

评价，顾名思义，即指评定价值的高低。评价现象是人类社会特有的现象，评价活动是人类社会特有的活动。人类自从通过劳动实践有别于动物界，实现主体性身份提升后，人类的活动就区别于其他一切运动和动物活动，摆脱完全被动状态，转化成为一种有目的的对象性活动。实现人的对象性活动目的要解决两个问题：一是对象本身是怎样的，能不能做？二是做该事是否有益，如何做得更好？前者是对客观对象本质及规律的把握，为人的活动开展提供基础和可能性，属于事实认识；后者是对自身与客观对象之间关系的把握，为实现人的活动目的追求提供必要性、选择性和动力，属于价值认识。于是，用于发现价值、揭示价值的评价活动应运而生，与实践活动、认知活动一道共同构成人类社会存续与发展的三大基石，渗透于人类生活的方方面面，对人类社会的存续与发展产生全面而深刻的影响。故，狭义的评价即指评价主体根据一定的评价标准对评价客体做出有无价值及价值大小判断的观念活动。

评价作为对价值这种主体性存在的反映，是以认知为基础的，认知性特征是评价活动的基本特征。评价主体只有先基于对评价客体事实的认识、了解，把握评价客体的客观状况后，才能基于价值主体的需要，对价值主体与价值客体的价值关系进行把握。对评价客体的本来面目、性质、规律把握得越准确、越深刻，相应地对它的价值的评价就越可靠。同时，评价作为对价值这种主体性存在的反映，意味着价值是第一性的，价值决定评价活动的具体形式。价值客体对价值主体有没有价值、有什么价值、有多大价值，它具有客观性，不以评价者的意愿、意志、评价为转移。评价反映了人类活动的一个本质特点：合规律性与合目的性。因此，广义的评价，即是评价主体在一定条件下对评价客体所作的合规律性与合目的性的判断或选择。

评价的目的在于发现、揭示价值主体与价值客体之间的价值关系，在观念中建构价值世界，为人类创造价值、实现价值和享用价值提供便利。评价的最基本形式有三种：一是以人的需要为尺度，对已有的客体做出价值判断。通过这一判断，而揭示客体与人的需要的满足关系是否存在以及在多大程度上存在。二是以人的需要为尺度，对将要形成的客体的价值做出判断，从而预测未来客体的价值。三是将同样具有价值的客体进行比较，从而确定其中哪一个是更有价值，更值得争取的。评价的这三种最基本形式形成了评价的判断、预测和选择三大基本功能，并在此基础上生成了评价的导向功能和反思功能。因此，评价总是指向未来，服务于主体当下的选择与行为定向。

（二）考试评价的涵义界定

考试是对人的身心素质个别差异进行的一种测度与甄别，本身是人类社会的一种反身评价活动，为此，考试活动具有人类评价活动的一般特质，考试活动过程体现了人类评价活动的本质、规律、过程与特点。正因如此，现实生活中，人们总是习惯性的忽视考试的对象性（目的性）存在特性，而只是关注考试的工具性（手段性）存在特性，将"考试评价"概念化使用于"以考试为方式（手段）的评价"的情境中，而很少将其使用于"以考试为对象的评价"的情境中。如，当我们在中国知网上输入"考试评价"词条进行搜索时，显现出来的 297 条信息中，诸如"考试评价观"、"考试评价制度"、"考试评价模式"、"考试评价体系"、"考试评价方式"、"考试评价方法"、"课程考试评价"等用语均是如此。这与人们将诸如"教育评价"、"学生评价"、"课程评价"等概念只用于"以……为对象的评价"的情境中的情形，形成鲜明反差。

"教育评价"、"学生评价"、"课程评价"、"考试评价"等概念均为复合词，分别由"教育"、"学生"、"课程"、"考试"等词与"评价"一词共同组合而成。这里，由于"教育"、"学生"、"课程"等词的内涵与"评价"一词的内涵完全不同，因此，"教育"、"学生"、"课程"等词只能作名词看待，其在所构成的复合词"教育评价"、"学生评价"、"课程评价"等中也只能作"评价"的宾词或客体，彰显的是"教育"、"学生"、"课程"等的对象性（目的性）存在特性。因此"教育评价"、"学生评价"、"课程评价"等概念只能用于"以……为对象的评价"的情境中。而根据前面关于"考试"与"评价"概念的界说我们可以清楚地看到："考试"

概念与"评价"概念具有内涵上的一致性，即都是一种价值判断，同时具有外延上的差异性，即考试只涉及对人的价值判断，而评价既涉及对人的价值判断，也涉及对物的价值判断，还涉及对事的价值判断；考试只涉及对人的身心素质方面的价值判断，而评价除涉及对人的身心素质方面的价值判断外，还涉及对人的其它方面的价值判断。因此"考试"现象与"评价"现象是特殊现象与一般现象的关系，"考试"概念与"评价"概念是种概念与属概念的关系。所以，"考试评价"中的"考试"一词可以作为名词看待，也可以作为形容词看待。把"考试"一词作为名词，则在其所构成的复合词"考试评价"中作"评价"的宾词或客体，用于"以考试为对象的评价"的情境中，彰显的是考试的对象性（目的性）存在特性。即"考试评价"是对"考试"的评价，或曰评价"考试"。具体讲，考试评价以考试本身为对象加以评价，目的是为了规范、监控考试活动，使其减少偏差顺利实现考试目的，更好地发挥考试的功能，以获取良好的考试效益。把"考试"一词作为形容词，则在其所构成的复合词"考试评价"中作"评价"的定语，指"具有考试性的评价"，用于"以考试为方式（手段）的评价"的情境中，彰显的是考试的工具性（手段性）存在特性。

根据上面的论述，与"教育评价"、"学生评价"、"课程评价"等概念主要彰显其"教育"、"学生"、"课程"的对象性（目的性）存在特性相对应，"考试评价"的主体内涵也应该是主要彰显其"考试"的对象性（目的性）存在特性，因此，我们把考试评价涵义界定为：考试评价主体依据一定的标准，在收集和运用信息的基础上，对考试所作的合规律性与合目的性的判断或选择。这一定义包含六个要点：第一，考试评价的对象是考试本身，它可以细化为考试过程、考试结果、考试环节、考试要素等，即考试活动中的任何元素都可以作为考试评价的对象予以评价。第二，考试评价必须依据一定的评价标准，评价标准涉及考试目的及其实现程度。第三，考试评价必须建立在客观事实的基础上，要全面收集和综合运用各类信息，突出考试评价的真实性和客观性。第四，考试评价的核心内容是考试的合目的性，即考试属性满足考试价值主体需要的程度。第五，考试评价作为对考试价值这种主体性存在的反映，是以认知为基础的，因此，考试的合规律性也构成考试评价的核心内容。第六，考试评价是为考试的评价，目的是为考试价值主体正确使用考试结果提供决策依据，为考试主体进一步改进和完善考试提供决策依据，最终是为了促进和实现个人及社会的发展。

二、考试评价的特点

特点，在其哲学意义上是指一事物所独有的不同于其他事物的特殊性、特殊点。研究考试评价的特点，既是对考试评价特殊本质的揭示，同时也是对考试评价的反映本质的进一步深化和丰富。根据这一认识，经过考察、比较考试评价与其他人类评价的异同，我们认为，考试评价具有四个显著特点：一是评价主体的多元性，二是评价目标的复合性，三是评价过程的动态性，四是评价结果的相对性。

（一）评价主体的多元性

评价主体就是评价者，是发动和进行评价活动的人。考试是主考与被试之间因测试、甄别被试身心素质个别差异而展开的一种交互活动，这种交互活动既是一种"人化"活动，也是一种"化人"

活动，因此，考试对人（个体、群体、国家、人类，即个人与社会）的影响全面而深刻。正因如此，人们每次实施的具体考试都一定并存着主考者（即考试发动者、考试实施者、考试占有者等）和被试者（即一个个被试个体）这一对价值主体，也一定并存着考试参与者（即主考者与被试者）与考试受影响者（或系统、或区域、或国家、或人类，视考试的影响范围及影响程度而定）这一对价值主体，这是考试本身的特殊本质使然。为此，从考试的内部角度来考察，主考者与被试者都会积极的关注和开展考试评价；从考试的外部角度来考察，考试的间接参与者—受影响者也会积极的关注和开展考试评价。所以，考试价值主体的多元性必然导致考试评价主体的多元性。

考试评价主体与考试价值主体在逻辑上是不同的，考试价值主体属于考试评价客体的一部分。因为，考试评价客体是考试价值事实，而考试价值事实是考试价值主体和考试价值客体之间的考试价值关系及其运动和结果，包括了考试价值主体。所以，在现实的考试评价中，考试评价主体与考试价值主体两者既可能是合二为一完全重合的，还可能是完全不重合的（可称作他方考试评价）。由于考试价值主体在现实考试实践中一般不是唯一的，因此，我方考试评价的情形在考试评价实践中并不常见，它仅存在于对自我检测（施考的主体与应考主体同一）情形的考试评价实践中，而多方考试评价情形则是考试评价实践中的普遍形态；至于他方考试评价情形，随着现代社会考试专门化水平的不断提升，已越来越成为考试评价实践中的常见形态。

考试评价作为把握客观存在的考试价值事实的一种观念活动，

它具有自己独特的运作方式。在考试评价中包含两层关系，一层是考试评价主体与考试评价客体——考试价值事实的关系，另一层是考试价值主体与考试价值客体——考试的关系。考试评价就是要揭示考试价值主体和考试之间的价值关系及其运动和结果。而考试价值主体，在价值关系中不是以实体的形态存在，而是以考试价值主体的需要形式存在。同样，考试价值客体—考试，在价值关系中也不是以实体的形态存在，而是以考试的属性与功能的形式存在。这样，考试评价实际所把握的是考试价值主体的需要与考试的属性与功能的关系及其运动和结果。因此，考试评价在逻辑上就遵从这样的操作程序：把握考试价值主体的需要、把握考试的属性与功能、以考试价值主体的需要为尺度衡量考试的属性与功能，判断考试属性与功能能否满足考试价值主体的需要以及满足的程度。据此考察我方、多方及他方三类不同考试评价主体形态的考试评价情形，我们可以得出：第一，就我方考试评价情形而言，由于施考主体、应考主体与考试评价主体三者同一，因此，考试评价主体在把握考试价值主体的需要方面会显得较为有利，在考试评价主体能准确判定考试价值主体客观实际需要的前提下，以此得出的评价结论会准确可靠。但由于考试评价主体同时也是考试价值主体，这样就产生了二者之间相互交错、相互缠绕的自我相关效应，容易出现感情用事的不客观情形，将考试评价引入以偏概全的境地。第二，就他方考试评价情形而言，由于考试评价主体与考试价值主体完全不重合，考试评价主体可以站在较为客观的角度对考试价值事实予以判定。但也正因为如此，考试评价主体在判定考试价值主体的客观实际需要时就容易出现失准、失全、失当的状况，从而使考试评价也出现失准、失全、失当。第三，就多方考试评价情形而言，由于考试评价主体与考试价值主体部分重合，因此，考试评价主体进行考试评价时，感情用事问题及对考试价值主体的客观实际需要判断失准、失全、失当问题，都可能会不同程度地存在着，进而对考试评价结果的客观性、准确性带来不利影响。

考试评价所具有的评价主体多元性的特点，是考试评价内在本质的反映，它要求我们开展考试评价时必须做到：第一，考试评价主体明确，即我们开展的考试评价是对谁而言的，考试评价结果是给谁使用的。只有考试评价主体明确，考试评价目标才能明确，考试评价结果才有实际效用。第二，考试价值主体及其关系明确，即明确考试的价值主体有哪些？他们彼此之间的关系是什么？只有明确了考试价值主体及其关系，才可能准确把握考试价值主体的实际客观需要，为考试评价主体准确判定考试价值事实提供依据。第三，考试评价主体与考试价值主体关系明确，即我们开展的考试评价是我方情形？还是多方情形？还是他方情形？如果是多方情形，考试评价主体与考试价值主体的对应关系又是怎样的？只有准确把握了这些关系，才能准确实施科学合理的考试评价方案与策略，为客观准确的得出考试评价结果提供前提条件。

（二）评价目标的复合性

所谓目标，现代汉语词典的解释为：想要达到的境地或标准。根据这一解释推论，考试评价目标则可表述为：考试评价主体判定考试价值事实想要达到的境地或标准。

在考试评价中，由于考试的价值主体具有多元性，即一次考试所拥有的价值主体，除一个个参加考试的被试者外，还有一个或多个举办考试的组织，还有受影响的社会，因此也就使得考试价值目标呈现出多重性。应然的看，个人、组织、社会，其生存与发展的目标与方向在本质上是一致的，因此，不同考试价值主体的考试价值目标也应该是一致的，但这仅是就历史性总体趋向而言的。实然的结果是，不同的考试价值主体由于现实的需求不一定相同，在共时性情况下对同次考试价值目标进行抉择时，必然地表现出选择利己价值目标的倾向，这一点在任何社会、任何时代都是一种普遍的、客观的事实。与此相契合，考试评价主体在选择确立考试评价目标时，也必然地表现出选择与考试价值主体利己价值目标相照应的考试评价目标的倾向，这样，同次考试的考试评价目标也就因考试价值主体的多元性而呈现出多样性。

就某个单一的考试价值主体而言，他在一次考试中对考试的需要满足不一定唯一，而可能多重。也就是说，每一考试价值主体的每一次考试的价值目标一般都是多重的，这一点在任何社会、任何时代也都是一种普遍的、客观的事实。与此相契合，考试评价主体在选择确立考试评价目标时，也必然地表现出选择与考试价值主体多重价值目标相照应的考试评价目标的倾向，这样，同次考试的考试评价目标也就因考试价值主体价值目标的多重性而呈现出多重性。

多样与多重的考试评价目标，必然给考试评价主体开展考试评价带来困境。为此，妥善处理考试价值主体的多样性与多重性考试价值目标的矛盾，均衡考试评价目标，确立使考试价值主体均可以接受的复合性考试评价目标，就成为考试评价主体顺利开展考试评价的前提条件。因此，考试评价目标的复合性是考试评价特殊本质的反映，是客观存在着的考试评价的另一特点。

如何均衡考试评价目标，确立使考试价值主体均可以接受的复合性考试评价目标呢？基本做法为：以人类的利益需求为导向，以个人、组织及国家的共同性利益需求为基础，以个人、组织及国家的个性化利益需求为参照，将应然与实然有机结合起来，确立立足人类、反映共性、照顾个性、繁简适度的复合性考试评价目标。

（三）评价过程的动态性

过程指事物进行或事物发展所经过的程序。考试评价过程即指考试评价主体运用、调控各种要素设计、实施和完成对考试价值事实判定的程序。其中，考试评价设计阶段是考试评价主体确立考试评价目标和任务，选择考试评价方案，解决为什么评、评什么、怎样评、何时评等问题；考试评价实施阶段是考试评价主体确立考试评价标准，分化分解各种考试评价指标，收集考试评价信息，整理、分析各种考试评价信息，落实怎样评和何时评的问题，使之现实化；考试评价完成阶段是考试评价主体对各种考试评价信息进行比的问题。

从理论上讲，考试评价从设计到实施再到完成，应是一个有序的连续流程，各环节衔接紧密，不能相互割裂。但在考试评价的具体实践中，由于考试评价设计阶段与考试评价实施阶段的时空流变性差异，考试评价设计阶段所确立的考试评价目标和任务，在考试评价实施阶段很可能难以施行一种情况是确立的考试评价目标和任务本身不合理，另一种情况是确立的考试评价目标和任务本身合理但无法进行实际操作，这就要求考试评价主体必须实事求是地对考试评价目标和任务进行修正，使之合理化或可操作化。这样，考试评价设计和考试评价实施就在一定程度上相互交织起来，形成你中有我、我中有你的景象，考试评价过程的动态性因此跃然而现。不仅如此，由于考试评价目标的复合性，在每次的考试评价实践中，总会存在着初评、复评，甚至三评、四评、五评……等，即将先前作出的评价再加以评价，以决定取舍、整合评价、排列等，确保后续评价的可靠、有效、合理、恰当。这样，先前的评价就镶嵌于后续的评价之中，构成后续评价的继起阶段，以至一级套一级的首尾拓展相连，考试评价过程的动态性也就展露无余。所以，评价过程的动态性是考试评价的又一显著特点。

考试评价过程的动态性特点，要求我们在考试评价实践中，必须树立动态的考试评价过程观，侬考试评价的具体条件和实际情况，按照科学、适宜的原则，适时实事求是地调整考试评价的目标、任务、流程与节奏，以保证考试评价能取得最佳效果。

（四）评价结果的相对性

考试评价结果是考试评价主体经过考试评价过程的凝炼、升华所确定的考试价值事实，体现了考试评价目标的最终实现程度。考试评价结果具有相对性，是考试评价最显见的特点之一，因为：

第一，考试评价主体是人，但凡人都有其自身的认知缺陷和历史局限性，都会出现考试评价的"评不准现象"。一方面，对同一考试价值事实，不同的考试评价主体，由于：①知识结构、文化素养；②立场、观点、方法；③心理、情感、意志、性格、偏好；④种族、信仰、文化传统；⑤职业、习惯、风俗；⑥性别、年龄、阅历……等等一种或多种的差异或不同，可能得出不同的评价结果来；即使是同一考试评价主体，也可能由于心情、情绪的好坏差异而对同一考试价值事实得出不同的评价结果来。另一方面，考试评价主体的考试评价都是在一定的历史条件下进行的，由于人的认识能力的历史局限性，人对自身、对考试、对自身与考试之间的关联机制等的认识，还存在许多黑色和灰色地带，其模糊度较大。对于本身是模糊的事物，要想精确地、明晰地评价它，是一件十分困难的事情。因此，人们对考试价值事实的评价结果也就不可避免的会出现一定的相对性。

第二，考试评价总是以一定的时段为边界，在一定的时段中进行。选择的时段不同，得出的评价结果也会不一样。如，常常会有这样的情况存在：人们在较短的时段内得出的考试价值主体的价值是肯定的，而在更长的时段内则是否定的；人们在较短的时段内得出的考试价值主体的价值是否定的，而在更长的时段内则是肯定的。这是考试活动产生的即时效果、共时效果及历时效果的必然反映。可见，通过转换时段参照系统，人们在开展考试评价时将会得到不同的评价结果。

针对考试评价结果相对性的特点，人们在开展考试评价及使用考试评价结果时须做好以下几点：

第一，搞好考试评价过程控制，尽量减少和消除考试评价主体的人为评价偏差；同时，均衡不同考试评价主体的评价标准，探寻到最为适宜的评价结果。

第二，树立大时段观和超前意识，立足现在，面向未来，既评价考试价值主体的即时价值与共时价值，也评价考试价值主体的未来价值，同时用考试价值主体的未来价值统摄即时价值与共时价值。

第三，合理、谨慎使用考试评价结果。

第四，适时做好对考试评价工作本身的"审计"或"复核"（即再评价）工作，通过这种再评价活动，及时厘清和修正考试评价工作本身造成的偏差和失误。

第三节　美国中小学考试评价解析

教育评价是教育活动的一个重要组成部分，它是以教育目标为依据，运用有效的技术和手段，对教育活动的过程和结果进行测定、分析、比较，并给以价值判断的过程。欧美发达国家都建立了完备的基础教育考试评价体系，对我们具有一定的参考借鉴价值。以美国为例，从政策、体系和机构三个层面来阐述其中小学考试评价体系，结合美国总统布什所提出的"不让一个孩子落伍"教育改革议案，具体介绍基础教育考试评价的新政策，这一政策要求下的联邦考试、州考试与学区考试，以及对考试过程进行具体组织的专业考试机构，并对考试的功能和利弊进行了简单点评。并结合我国中小学考试评价的具体情况进行了分析和思考，希望我国的中小学考试评价借鉴美国，从体制上能形成完备的国家、地方、学校的体系衔接，充分利用考试评价的有效资源为教育行政部门服务。

一、美国基础教育考试评价的新规则

"不让一个孩子落伍"（No Child Left Behind, NCLB）教育改革法案是美国基础教育领域近些年来最热门的话题。布什总统于2001年提出的"不让一个孩子落伍"的教育改革议案于2002年1月8

日正式通过审核成为法律。这是自 1965 年以来最大规模的教育改革立法。这一法案极大地增强了联邦政府在保障所有儿童公共教育质量中所发挥的作用。法案要求 3 年级到 8 年级的学生每年都要参加阅读与数学测验。

议案中最关键的部分是要求每个州在数学和阅读科目上制定并实施有挑战性的学术标准，设定每年的进步目标以保证所有群体的学生在 12 年内达到精熟水平。然后每年对 3 年级到 8 年级学生的阅读和数学科目进行测验以测量他们的进步。这个议案尤其对"全国考试"或"联邦控制的课程"有利。由各个州自己选择和设计测验，必须保证测验与州课程标准一致。各州将会受到联邦资金的资助来发展测验。"激励机制"指的是如果联邦政府不能提供必要的资金资助，那么各州可以不编制 3—8 年级的阅读与数学测验。测验结果将以"报告卡片"的形式每年向公众报告。内容将会涉及学校的成绩表现及各州精熟目标的进步情况。为了保证所有群体的学生适度的进步速度，测验的结果将会按照贫困情况、种族、残疾情况与英语精熟程度分开报告。这就是众所周知的"数据的解体"。这样做也是为了防止学校将多个测验的结果混合而只提供学校的平均水平以掩盖不同学生群体之间的成绩差距。

议案要求各州与学区提供每年精熟目标进展的情况。他们必须证明所有群体的学生在 12 年之内都达到了 100% 的精熟程度。各州自己确定精熟标准，每个群体的学生适当的年进步率。表现不佳的学校要参加州所实施的各种各样的学校提高和改革计划。

每个州的测验结果将与美国国家教育进展评估（National Assessment of Educational Progress，NAEP）的指标进行比较，NAEP 每两年在全国范围内取样，对各州 4 年级和 8 年级的学生实施阅读与数学测试。这个规定称为"NAEP 可比性"，是为了防止各州将自己的考试和标准定得过低。也就是，如果一个在自己州的测验上显示出进步，但是在 NAEP 上却没有显示相应的进步，那么就说明州测验和州标准的挑战性不够。最后的立法中并没有说明如果州测验分数相比于 NAEP 落后时的处罚，只是要求将对比的结果公开。

二、美国中小学考试评价

1. 联邦考试

美国国家教育进展评估 NAEP，又称为国家教育报告卡（The Nation's Report Card），是目前美国国内唯一连续、长期的中小学生学业成绩测量体系，首要目标是向美国公众报告学生的教育状况。为达到这两个目标，NAEP 设计了两种类型的评估：主要（main）的 NAEP 全国评估（NAEP – National）和长期趋势评估（Long – term trend assessment）。主要的 NAEP 全国评估考察美国学生知道什么，能在关键的学科领域做些什么。NAEP 的长期趋势评估是通过比较几十年以来成绩的变化，测量在一段时间内教育的进展。

NAEP 评估的施测对象是美国 4 年级、8 年级和 12 年级的学生。NAEP 并不为单个的学生和学校报告分数。评估所报告的是以性别、种族为特征的群体的结果。

NAEP 自 1990 年开始允许各州参与州水平的阅读、数学、科学和写作评估。有 40 到 45 个州参与了 NAEP 州评估（NAEP – State）。从 2003 年开始，"不让一个孩子落伍"法案要求所有的州和学校区域都接受联邦 I 号基金（Title I grant）参与两年一次针对

4 年级和 8 年级学生的 NAEP 阅读和数学评估。从 2002 年开始，NAEP 首次试验性的进行城区水平的评估（NAEP Trial Urban District Assessment）。六大公立学校的城市试验区志愿参与了这次评估，2003 年有 10 个城市试验区开展了阅读和数学的实验性 NAEP 城区水平的评估。

NAEP 的试卷编制与施测过程包括以下几个步骤：

（1）确定评估框架

NAEP 基于国家评估管理委员会（National Assessment Governing Board）制定的内容框架建构评价框架。每个科目的内容框架详细说明了特定年级的学生应该知道和应该能做的。内容框架指导试题的编制。

（2）开发评估题目

NAEP 的题目编制者做出了巨大努力使评估题目能够反应出教育者对于学生应该知道和应该能做的事情的最佳思考。基于 NAEP 的内容框架，测验专家在教师、课程专家和测量专家的帮助下编制；评估项目。为使题目更加恰当和公平，还进行了大量研究来审核以往的题目与作答反应。

"不让一个孩子落伍"法案规定国家评估管理委员会必须采取措施确保所有的题目都不存在种族、文化、性别和区域的偏差，必须是长期、中立、不带意识形态的。

在测验编制组成员、学科领域的专家和国家评估管理委员会经过最初的审核和评价之后，首先将评估测验对少量的学生进行预试。在预测验的结果分析与评审专家审核评价的基础上，对有异议的题目进行改善，组成测试卷进行实地测验。实地测验施测于成千上万的学生，评卷并进行分析。然后基于实地测验的结果和内容框架的规定选择合适的题目用于实际的评估。

（3）编订评估手册

NAEP评估项目包含成百上千的题目。然而，不是每个参与NAEP的学生都完成NAEP评估的所有题目。测验题目分成不同的组，然后打包成不同的小册子。每个学生只需完成一份小册子中的题目，这些题目大约占总题量的10%～20%。将小册子分散开来，这样同一学校中只有很小部分的学生做的是同一小册子中的题目。小册子的发放是完全随机的。

NAEP中既包括了多选题，也包括了开放式的问题。开放式问题要求学生自主作答。学生既可以只言片语也可长篇大论，甚至比写作考试中写得更长。

在每次评估之后，有25%以上的测验题目公开作为样题并附有评分标准和学生作答的样本。

（4）取样

NAEP选择了足够大的样本以保证评估结果的信度、效度。各州和各个行政区接受I号基金学校的4年级和8年级学生，如果被选中的话都要求参与两年一次的NAEP阅读和数学评估。而其他的评估学校都是志愿参与的。

对于全国评估而言，在没有州评估的年份中，NAEP选择公立和私立学校学生的随机样本代表全美的多样性学生总体。选择参与的学校和学生的数量会随科目的不同而有所不同。当组织一个无州评估的全国评估时，每个科目通常需要各个年级6000到10 000个学生样本。

全国样本的获得通过两阶段分层取样设计：首先根据地理位置对学校进行分类，然后根据少数民族入学的水平进行分类。在每个基于位置与入学分类的类别之中，按照事先确定好的比例进行随机取样，为所有学生和所有的子群体提供精确的结果。

（5）评估的实施

NAEP 的实施从 1 月下旬开始持续到 3 月中旬。训练有素的 NAEP 实施成员与学校协作实施评估，对整个过程进行管理。要求学校指派一名校方协调者帮助 NAEP 工作人员进行校内的安排。每个州也都有联邦基金资助的州协调员与参与的学校一起工作。

每个参与 NAEP 评估的学生要求的作答时间是 1 小时。在完成每个测验手册中两个 25 分钟段的科目相关问题后，学生还需完成两个 5 分钟段的背景调查。其内容主要涉及与成绩特别是所评定的科目的成绩相关的学校和家庭经历。学生可以跳过任何她/他们不想回答的题目，不过这种不参与和不回答会大大减少 NAEP 能提供的有用信息。

（6）NAEP 的评分

NAEP 评估中既有多选题又有开放性的问题。多选题使用光电阅读器评分，开放式问题由经过培训的评分者依据评分指南进行评分。为了确保评分的可靠性和一致性，NAEP 制定了详细的评分指南，对有经验的评分者进行训练并通过有资格的评分者对评分者的能力进行双重检验，对每个评分者评定的质量与一致性进行监控与评价。

每个开放式问题有各自的评分指南，评定标准。扩展的开放式问题有 4—5 个水平的评分指南。

（7）学生成绩的报告

NAEP 报告每个科目每个年级学生 NAEP 量表的平均分数。平均量表分数概括了学生知道什么，能做什么。成就水平（（Achievement Level）显示了学生在应该知道和应该会做的事情上达到的标准。依科目不同 NAEP 量表有两种：0~300 或者 0~500。报告中提供整个年级所有学生的量表平均分，通过区域、性别、种族、学校类型和其他特征所定义的各个团体的量表平均分。

除了报告特定评估年的分数以外，还报告 NAEP 结果随时间的变化而变化。

NAEP 同时还报告成就水平，即在全国，某个州，或某个学生群体中达到特定成绩水平的学生的比例。NAEP 将每个科目的成就水平划分为基本、精通和高级。成就水平的结果显示达到基本、精通和高级这三个水平的学生的百分比。

在报告量表分数和成就水平的基础上，NAEP 还将数据分别按组别（例如种族、性别、有残障的学生、英语欠精熟的学生）、区域（国家的、州的、地方的）、背景（学生、教师、学校特征）进行分解。

教师、管理者和学生的完整背景调查作为 NAEP 评估的一部分也进行了分析。使用背景调查问卷获得的信息，就可以将学生的成绩在 NAEP 的报告变量之间进行比较。

NAEP 的评估结果为家长、教师、教育决策者、研究者、课程专家、媒体和美国公众提供了共享的资源。在国家水平上，NAEP 以多种形式进行结果报告。"报告卡"是延伸的报告，密切检查 NAEP 的结果，并且深入地考察评估的设计和实施。"最重要部分"

对 NAEP 数据进行简要概括。在州的水平上，NAEP 的结果打印在
"最重要部分"中全国结果的旁边。另外，NAEP 为每个参与的州
提供一页的在线"快照"。NAEP 提供的工具和资源使得各个州可
以自己发展出综合的州报告和在线的快照报告。对于试验性的城市
地区评估而言，可获得单独的"最重要部分"和参与的各个城市地
区的在线快照。除了这些书面的资源外，NAEP 的出版物和数据都
可以在 NAEP 网站上找到。

2. 州考试

2002 年，美国颁布的《中小学教育修正法》首次要求各州必
须实行统一考试，并以考试成绩衡量学校的教育质量，连续两年不
达标的学校或地方必须采取措施提高成绩，否则，联邦教育部将扣
减其联邦教育拨款。

美国州考的规则由各州自行决定。一般说来，考什么科目，考
哪几个年级都是以立法形式来确定的。数学和英语（以阅读为主）
几乎每州都考，但不一定每个年级都考。部分州还考历史（或称社
会常识）和科学。有少数州在高年级有更具体的科目的考试，如将
科学再具体分为物理、化学、生物、地理等。自 2002 年起，联邦
对各州的考试提出许多要求，例如从三年级到八年级以及十年级必
须每年考数学和英语阅读。小学、初中和高中必须至少各考一个年
级的科学。

州考花费很大。统考的年级越多费用就越高。问答题和作文引
入标准化考试之后，必须聘请教师阅卷评分，考试费用也随之攀
升。另外有些考试允许学生在一年内多次参加测试直到通过。每次
考试学校和学生都不必缴费，但多考一次，州政府就要多拨付一次

的钱。

考试的日期具有弹性，大部分州的考试安排在 3～5 月之间。学校或学区集体报名。通常，学区或学校直接向专业考试机构提供学生资料，专业考试机构将学生资料制成条形码，与考卷一并寄回学校。学校将条形码贴在考卷上，然后开考。

在美国，考卷的制作是一项系统工程，需要一支强大的专业队伍来完成。各州教育部门都不是自己单独制作考卷，而是通过公开招标，签订合同把考试的具体工作外包给专业考试机构。专业考试机构根据各州的要求量身定作。

州考试题的编制施测与联邦考试的编制施测过程大致相似，一般有以下几个步骤：

（1）确定考试大纲。由本州的教育工作者、课程和考试专家、家长和其他社会人士组成的考试委员会来商讨决定。依据本州有关法律和课程标准确定考试内容。

（2）建立题库。专业考试机构根据考试委员会确定的考试内容和形式组织命题。州考试委员会分组审阅每一道题，将不合格的题目删除。

（3）进行试考。试考分小范围的预试（Pilot Test）和大规模的实测（Field Test）。前者为试探摸底性质，往往是几道题，而不是完整的考卷。后者是实战演练，力求接近正式考试。

（4）标定（Scaling）分析。由拥有教育测量或心理测量专业知识和技能的人员来担任这项工作。标定分析在两大基本考试理论指导下进行：经典测量理论与项目反应理论。

（5）敏感性和偏向审查。专业考试机构将考题的技术参数和考题一对一编排，交给试题敏感性和偏向审查委员会审查。这个委员会由州政府邀请社会各界人士组成。成员大多既不是考试专业人员，也不是教育专家。他们代表社会各界，包括少数民族、宗教界及工商界人士。他们将从不同的角度考查考题是否有偏向。

（6）考卷的技术要求。信度与效度要求。

（7）确定评分标堆。

（8）评分和成绩报告。报告的是标定分数而非原始分数。标定有两个基本目的，一是有利于比较，二是有明确的定义，使人看到分数就能明白该分数所代表的意义。

3．学区考试

有的学区也自己组织考试，以了解本区的学生成绩。学区一级的考试由学校委员会（School Board）负责。多数学区使用现成的商业性标准化测验，但由于此类考试范围较小，有些学区也自己编制试题。学区考试的规模较小，其重要性显然不如联邦考试与州考试。

三、美国专业考试机构

在标准化成就测验编制与评分领域有四家公司占有绝对优势，被称为考试行业四大巨头。其中三家是测验出版商，一个是评分公司。这四个公司分别是哈考特教育测量（Harcourt Educational Measurement）、加州考试局（CTB McGraw – Hill）、河畔出版公司（（Riverside Publishing – a Houghton Mifflin company）和 NCS 皮尔森（NCS Pearson）。根据 2001 年 10 月教育市场商报的报道，哈考特教育测量、加州考试局、河畔出版公司出版的试卷占到州水平所有施测试卷的 96%。NCS 皮尔森是标准测验评分公司中的领军人物。

哈考特教育测量最有名的测验是斯坦福成就测验，每年有超过1500万的学生参加此项测验。哈考特参与了"测验我们的学校"中的所有测验，如马萨诸塞州的 MCAS 学习测验标准和加利福尼亚州的 SAT – 90 标准化测验占到公司整个业务的 70%。公司的市场份额占到测验设计市场 40%。

加州考试局在测验设计市场上大约有 40% 的份额，略低于哈考特教育测量公司。在纽约时报 2001 年 5 月对州教育部门的调查中有 19 个州表示他们信赖加州考试局对学生进行评估的测验。公司最有名的测验是 Terra Nova，一种常模参照的成就测验。1996 年，CTB 推出了 Terra Nova 标准考试，成为美国最为常用的评估方法。由于 Terra Nova 基于对用户的深入研究，因而 Terra Nova 提供的试题具有强烈的革新性并且十分受欢迎，而且给出的评估结果易于理解。CTB 在 1965 年被麦格劳——希尔（McGraw – Hill）教育出版集团纳入旗下，并且作为其中一员在此后的 40 年里蓬勃发展。

河畔公司控制着测验设计市场剩下的 20% 的份额。该公司的著名测验——爱荷华州基本技能测验（ITBS 不是一种常模参照测验，每年有 400 万到 500 万名学生参加此项测验，根据纽约时报 2001 年 5 月对州教育部门的调查，有 8 个州使用河畔公司的测验。

NCS 皮尔森公司是标准化测验评分公司中的领军者。以明尼苏达为基地的 NCS 成立于 1962 年，并于 6 年后逐渐为公众所知。每年 NCS 测量服务中心为将近 4000 万学生的试卷进行评分。它为 15 个州提供服务，包括一些最大的市场如德克萨斯州、佛罗里达州和纽约。

各个州自己也可以成为测验编制产业的主角。虽然一些州采用的是商业销售的试卷，各州自己发展的试卷也逐渐增多，或者定制与他们的课程标准更加一致的测验。

另外，其他的专业考试机构，如教育考试服务中心（ETS），也开始进军中小学基础教育市场。ETS 在教育领域服务了 50 年。它在开办高等教育考试的过程中一直处于领先地位，但在美国本土基础教育评价方面呈现相对弱势，市场份额落后于哈考特教育测量、加州考试局（CTB）等私营考试评测机构。教育本身在飞速发展变化，美国对于中小学基础教育（K–12）的教育评价越来越重视，这需要有效、可信的、对教学有帮助的考试工具测量出的数据、配套的评判和针对的指导。ETS 将考试和考试有关的服务结合起来进军中小学基础教育市场，与各州教育行政部门和教育工作者紧密合作，利用自己在教育测量领域的专长对基础教育的状况和结果进行评价，对学生、家长、学校和教育政策制定者提供帮助。ETS 的优势在于能够提供公平、公正和标准化的考试工具来测试教育成效，测量和记录考生的进步并为教学决策提供信息。2001 年10 月 ETS 获得为期三年 5000 万美元加州高中结业考试合同，加州政府规定从 2006 年开始，所有在校生必须通过结业考试才能拿到高中文凭。2002 年加州政府再次委托 ETS 开发组织本州 450 万学生的每年评测，三年合同总额为 1.75 亿美元。仅 2004—2005 年度ETS 组织的加州中小学基础教育评价人次约 600 万，人数远远超过同期其他大规模考试人次。

在此基础上，ETS 推出中小学基础教育解决方案，整合了评价、数据分析、指导性策略和专业开发来帮助学校超越所有教育周期的 5 个阶段。帮助学生和教师测评他们的表现，通过数据分析提供基于实证的策略进行指导，并展现学生与老师的进步。

ETS 已推出 5 大产品相当 5 大独特解决方案：1）学校改善方案——战略化目标指导的改进；2）评价方案——基于联邦和州授权的教育表现测量；3）数据驱动的决策制定方案——使用数据证明达到和超越每年教学进展目标；4）专业发展方案——提高教师水平得以提高学生素质；5）指导方案——培养写作技巧和发展新的教学方法。

与此同时 ETS 建立了格式化评价题库、指导数据管理系统，指导教育工作者在教学过程中科学有效地评价学生成长。ETS 在中小学基础教育评价中的工作范围主要包括心理测量领域和内容开发领域。在心理测量领域主要涉及标定、等值、标准制定、研究学习和技术报告。在内容开发领域主要涉及标准联盟、每年五万道高利害（关系学生命运）考题命制、每年两万道格式化/教学过程中测验题目放入格式化评价题库和考试形式的开发。

ETS2003 年 7 月创立新的全球发展部门，两个焦点领域即为中小学基础教育评价和国际化英语语言测试及教育解决方案。可以预计，不久的将来 ETS 也将成为中小学基础教育评价领域的一个新巨头。

四、考试功能及利弊

考试的积极影响，一是促进成绩差的学校和学区改进教学方式提高学生成绩。通过考试成绩所提供的信息了解学生在知识技能掌握方面的优势和不足，便于对症下药。通过联邦考试和州考试可以对教育教学质量进行监控，督促教师教学，督促学生努力学习，从整体上提高美国基础教育的质量。二是考试使得教学内容更加规范，考试是推行课程标准的有效工具。因为根据"不让一个孩子落伍"法案，各州的成绩要与 NAEP 成绩进行比较，所以在课程方面必须接近一致。很多教育评论家认为该法案是将全国统一课程指标的建立推进了一大步。三是引起全社会对教育的关注，增加对教育的预算与拨款。教育被认为是社会进步和发展的重要基础，教育拨款是各州政府财政预算中最大的一项。根据"不让一个孩子落伍"法案联邦政府每年将为各州提供联邦基金以帮助试卷的编制与实施，测量 3 到 8 年级的阅读与数学科目。仅 2002 年联邦中小学教育预算就从 2001 年的 185 亿美元增加到 265 亿美元。

考试的消极影响：第一可能导致教学以考试为中心。一些家长和教育工作者认为考试会带来为考而教、考试演练的现象，扼杀儿童的创造性。第二考试是有误差的，完全以成绩来评估教育质量难免有失公允。专业考试机构的程序中存在错误的情况已经发生过多次。由于学校与学区自己不能解决测验中的错误，所以通常要在相当长一段时间后才得到专业考试机构的答复。由于专业考试机构成功地以联邦监督回应各种异议，因此他们可以自己决定什么时候承认哪些错误。由于这些标准化考试的高利害性，专业考试机构与评分公司的错误与误差会导致许多学生、学校负责人及相关人士的事业和声誉受损。尽管专业考试机构与评分公司解释说从整体来看出错的比率是非常小的，但是关于考试中发生错误的新闻报道层出不穷，而且小概率对于个人而言影响是深远的。

最终的答案是在于考试的质量好坏。不是所有的考试都给学生带来无休止的演练。如果授课的内容与考试的内容不一致，那么就陷入备考演练的旋涡。如果考试的内容与课程相一致，那么就不存在所谓的考试准备，因为平时的上课就是在进行考试准备。诚然最好的教育是要激发和培养儿童的创造性，但是有些基础的知识和技能是每个人都必须掌握的，否则就无法适应社会生活。中学毕业证决非毫无意义的一纸文凭，而是表明这个人具备了基本的技能，要获得这些基本技能就必须经过某种程度的训练。考试的目的就是确保学生都掌握基本的技能。另外，为了检验教师教学和学生学习的效果，很难找到另一种比考试更加公平有效的方法。当然，对各大专业考试机构进行规范管理，减少测量误差也是今后需要改进的方面之一。

五、我国教育考试评价之路

我国的教育评价理论研究虽然起步较晚，但自 20 世纪 80 年代以来，教育评价的理论和方法得到了长足的发展，从对学生学业成就的评价到注重学生素质的全面评价，进而又扩展到教师、课程、学校甚至区域性的教育评价，对于调节、改善、提高教育活动的作用和效果发挥了积极意义，主要表现在以下几方面。

第一，明确了教育评价在教育活动体系中的地位和作用，重视了教育评价的教育性功能。第二，初步建立起了我国教育评价的理论和方法体系。第三，基本上形成了适合我国国情的教育评价的实践模式。

但是，对于教育评价中的考试评价而言，我国的考试评价有待进一步学习和提高。表面上我国的教育评价似乎是以考试评价为中心的。在"片面追求升学率的应试"教育中，对学生学习结果的评价主要集中在知识的掌握、智力的发展等认知领域，对教师教学水平的评价往往以学生的考试成绩为依据，而对学生的思想品德、个性、人格等的发展以及教师的教学行为、授课质量不够重视。现在教育行政部门已经意识到这一问题，开始强调评价内容的多元性、评价方法的多样性和评价主体的多元化。诚然，教育评价的多元化势在必行，但是考试评价仍然是其中最易操作、最切实可行的方式，只要应用得当仍能发挥巨大作用。

目前开展诊断性的以学科为单元或以认知特性为单元的评价是各国考试改革的趋势之一，其评价结果既可以为政府决策提供参考，又可以为学区、学校或考生提供服务。像上文中所介绍的美国全国教育评估（NEAP），就是一种长期的中小学生学业成绩测量体系，首要目的是报告学生的教育状况，而与学生的升学没有关系。这样就能有效地减少学生的考试焦虑和考试之前的突击复习现象，增强评价的真实性。

教育部门应建立适合我国国情的基础教育评价项目和评价标准，尤其是通过与国际评价机构的合作，学习国外大型评价项目的设计理念和运作经验，积极开展需求分析调查，结合我国实际需要，逐步建立我国的基础教育评价体系。

更重要的一方面是要加强用心理与教育测量的最新理论来指导考试，使考试的功能得到充分的发挥。只有按照严格规范的流程来组织命题，所获得的信息才具有较高的信效度，否则考试评价的诊断功能与发展性功能都无从谈起。要在基础教育的考试评价中实现测量理论的价值就必须从以下几个方面着手努力：第一，要以测量技术为指导，形成我国学业评价的规范化程序；第二，要强调测量专家、教育专家和命题人员的结合。从国外学业评价与考试，特别是大型考试评价项目的经验来看，加强测量专家、教育教学专家和考试命题人员的结合，发挥各自所长，是提高学业评价质量和效果的关键因素。第三，要重视信息技术的应用。信息技术和测量与考试理论的结合是当前测量理论发展的重要趋势，其标志性的成果就是计算机自适应考试的出现。它能节约50％的考试时间，对考试的能力估计更为准确，并且将学生不同能力水平的估计放在同一尺度，便于报告和分析。在可以预见的未来，信息技术在学业评价的重要性将是不言而喻的。在我国的基础教育考试评价中引入计算机自适应测验无疑会推进我国学业评价体系与国际学业评价体系的接轨。

第四节　从中西方对比看中国考试体系

经济全球化趋势和我国加入 WTO 的国际社会背景，一方面要求我们更好地展示和发扬本民族的教育与文化特色，另一方面也要求我们有国际的视野，发展本民族的经济、教育与文化，培养具有国际竞争力的人才。因此，研究和总结国外学校考试评价改革经验和趋势，分析和归纳我国传统考试评价的文化特色，对于我们更好地把握基础教育考试评价改革的方向，具有重要的作用。

一、把握国外考试评价改革趋势与经验

近十几年来，国外关于学校考试评价改革的新思想、新理念、新模式、新方法、新概念层出不穷。这些新思想、新方法、新模式，有的是比较成熟，具有可行性和推广使用价值；有的方法则很繁琐，缺少可行性，不具普遍性；还有一些方法，花样虽新，但缺少内涵，被人喻为"杂耍式"评价方法，没有多少应用价值。对此，我们一方面要给予高度的重视，另一方面也需要理智的分析和冷静的思考，以科学、求实和创新的态度，对国外考试评价改革的发展趋势加以研究和总结。根据我们对英国、美国、法国、德国、澳大利亚等十几个国家和地区的考试评价制度改革情况的系统分析研究，发现其中有一些明显的改革趋势，也有一些较成熟的经验可资我们借鉴。

（一）限制统考次数，减少考试难度，强化课程作业，把经常性的形成评价同若干关键年龄段所举行的校外统一考试相结合，以便在较宽松、自主的教育环境下全面落实教育目标。

一些国家和地区的教育当局为减轻中小学生学习负担、抑制许多学校"为考试而教学"的严重倾向，严格控制由地方政府所举行的统一考试，降低小学校内考试的难度和重要性，废除了小学升初中的统一考试。而中学入学资格主要取决于小学学校内考试的成绩、课程作业成绩、日常学习行为记录以及教师的评价。所谓课程作业指的是基于课程的长周期作业，它要求学生结合课程内容进行探索性或研究性学习，深入思考学术问题或者把所学的知识理论应用于社会实际，模仿成人的科学研究和创作活动，提交研究报告、论文或作品等形式的作业。在澳大利亚，整个义务教育阶段各地政府一直给学校以充分的课业考评自主权，仅在高中阶段有校外统考，以便保证中学毕业生的质量。其他许多国家，如德国、瑞典、俄联邦、意大利、印度、法国、日本、美国、泰国、马来西亚等国的中小学，普遍重视对学生的日常观察记录，淡化考试分数之间的微小差异，在课业考评中大多使用等级制和评语制，给学校创造较宽松和快乐的学习环境。为了监控学校教学质量的变化以及为了给关键学习阶段结束后的教育分流提供必要的决策依据，许多国家因地制宜地在若干个关键年龄段里举行较严格的校外统考，使基础教育阶段的教学活动和课业考评工作达到宽松而不放任，自主而有目标。

（二）许多国家的学校考试制度，对考试这种手段的把握，基本上呈现出小学阶段较宽松、初中阶段略有扳紧、高中阶段都相对绷紧的趋势。

例如，瑞典在推行九年制义务教育过程中，在九年的学习中一般是学生进入七年级以后（相当于初中阶段）才偶有使用正规的考试方法来评估学生进步情况。但在高中阶段，重视采用正规的考试方法，特别是高中毕业的最后一个学期采用严格的考试，以便给高中生发放可作为进入高等院校学习的主要依据的高中毕业证书。澳大利亚各地的小学多年来基本上不采用统一考试方法来评估学生，但对初中和高中阶段的学生，近几年来地方政府又拧紧了考试这根"弦"，要求各中学全面提高教育质量，适当运用考评手段来检查学生的学习情况。澳大利亚许多高校界人士和企业界人士认为，在一个充满发展机会的普通教育制度中，对中小学教育创造一个足够自主和宽松的环境是必要的，但对中学阶段尤其是高中阶段的教育，保留一定严格的考试制度，则对保证毕业生的质量是有好处的。在俄联邦各个独联体国家里，学校向来注重全面考核学生。但小学阶段的学习环境显得格外宽松自主，一般很少使用正规的考试。只有学生上了中学，尤其是临近中学毕业时，才需参加由地方教育部门举行的较严格的统一考试。其他一些国家，如法国在中学阶段有比较严格的考试制度，但在小学阶段一般不考试也不留级，甚至（从1994年以来）还取消小学生的家庭作业（但应复习功课）。

印度近几年来也为减轻学生学习负担做了许多改革工作，进一步强调义务教育阶段要弱化考试手段，提出用学校内部小结性评价来替代一些正规考试，小学升初中可以免试，但在初中毕业前夕则要参加由地方教育部门组织的统一考试。而美国政府高官直至总统本人，从老布什到克林顿再到小布什，都十分关心考试评价制度的建立，其共同的特点是欲在中学阶段建立更为严格的考试评价制度，以提高美国的基础教育质量。

（三）课业考评方法多元化，教学与评价整合化，尤其是表现性测验和实验技能教学考试受到高度重视与广泛采用。

在考试评价改革的这一浪潮中，人们提出了一些重要的概念和方法，如真实性评估（authentic assessment）、另类评估（alternative assessment）、表现性评估（performance assessment 也译为实作评估）、档案评估（portfolio assessment）、动态评估（dynamic assessment）以及实践教学考试（practical examinations）等，形成多元化的考试评价运作模式。其中，强调针对学生实际表现以便真实地评估学生高级心智技能的表现性测验（performance test）和着重联系课程中实验教学的实验技能教学考试（experiment examinations）受到特别的重视。通过考试评价方法改革与强调的侧重点，旨在培养和发展学生各种重要的高级心智技能。为此，人们通常采用口试与答辩、短文与论文、过程叙述反应题、综合分析解释题、作品与方案设计、档案历程分析、实验操作等加以直接的评估。特别是为了发展学生更高层次的认知技能、动作技能和研究技能，各国基础教育都十分重视实验技能教学考试，采用笔试、操作、口试与撰写报告相结合的方法，对学生的基本实验能力和动作技能进行评估，促进学生在高级认知技能和研究技能与态度方面的发展。尽管多年来人们对使用表现性测验以及实验技能教学考试的测量公平性、经济性、可靠性等问题有过一些批评和担忧，但对于以促进学生发展和改进教学为主要目的的日常校内考试评价来讲，由于这类测验或考试能够发展学生的高级心智技能，因而，多数人对这类考试评价方式的欣赏远超过对这类方法在公平性、可靠性等方面的忧虑。

（四）学习成绩和学生素质发展评价大量使用观察表现的等级评定量表，学生参与评价、记录成就与成长的多功能的学习成绩报告单得到普遍重视。

基础教育以促进学生发展为目的，而学生的发展包括文化知识、技能、思维、身体、心理、思想道德、观念态度、社会适应和公民素质等多方面。因此，考试评价的发展趋势是，不仅采用适当的掌握知识测验、形成性测验和终结性测验来检查评估学生在认知领域方面的进步，而且顾及教育目标的广泛性、整体性和丰富性，全面评估学生在情感领域和动作技能等方面的发展进步。为此，许多教育评价方法（包括测量方法和非测量方法），如观察评定、轶事记录、个性测验、评定量表、兴趣与态度测验、检核表测验以及各种合宜的教学与考评表等，在日常教学和活动过程中得到广泛的应用，以便更全面地收集有关学生学习成果与行为变化历程方面的资料。在这一过程中，人们普遍采用多种等级量表（一般分成三个等级到五个等级）来评价学生的学习结果及其他方面的发展进步。此外，人们还普遍重视用概括性的、实质的词语去描述学生的发展情况，对学生的达成情况作出负责性的评价，并把这些评价体现在学生成绩报告单上。这样的成绩报告单不再是抽象的考试分数，而是提供了许多有助于了解个人进步、态度和行为表现的信息，能够提供有助于改进与指导学生学习或家庭合作努力方面的建议，并成为沟通学校和家庭的重要措施。

（五）评价学生强调个别化和适应性，参与评价的人员多元化和互动化，结果解释体现人性化和质性化。

20 世纪 80 年代以来，后现代主义思潮和人本思想极大地影响了社会和学校教育的各个方面，人类的主体性和个体性从来没有像现在这样张扬过。学校教育凸现主体性，关注学生的个别差异和文化差异；教学过程更加关注学生的个性发展和需要，强调对学生的尊重与关怀。考试评价强调与学生个体的性向相适应，因人而异的、裁缝式的考试设计受到鼓励。师生关系也发生了很大的变化，鼓励教师和学生发展一种平等的对话关系。一方面，教师在教学和评价中需要具备更宽广的心胸、更良好的沟通能力、更高超的教学与评价技能，需要对学生多支持、多鼓励且接纳失败；另一方面，参与评价的人员多元化，可以有教师、有同学、有家长代表、也可以有学生本人。经过评价，能够使每一位学生都获得有益的帮助，使每一位学生都得到肯定和成就感，使每一位学生都能明确下一步的努力方向。同时，考试评价的结果解释也更具人性化和质性化，教师在实施测验或考试前要引导学生做充分准备，以减少考试焦虑；成绩评定后不在班级上随意公布和排队，尤其面对学习成绩较差的学生要多鼓励和多关怀；测验方法可以多样化，关注学生的多元智能，适应学生的学习个性和特长；作答题目的评分不能只看答案结果而不看过程，对有创造性思维的答题过程应当给予鼓励和加分；考试评价结果的标记和解释不能只用抽象的分数比高低，应当分析学生答卷的思考过程和特点，作出具有教育学意义或心理学意义的说明和注解。

（六）考试评价结合学生年龄特征和学习内容特点，用游戏活动化和动态化的评价方法，比较适合儿童的年龄特征和学习特点。

传统的书面测验以文字作答为主，测验情境庄严肃穆，容易引起测验焦虑；而且测验内容也多有脱离社会实际，学生要死记硬背很多知识和概念才能应试。特别是对语文程度或语言表达能力较低的儿童来讲，往往难以从纸笔测验中获得客观全面的评价。因此，采用多样化评价方法，尤其是采用活动化、游戏化、情境化的评价方法，比较适合儿童的年龄特征和学习特点。所谓游戏化评价是指通过有计划、有目的、有组织的游戏化活动，探测儿童心理发展潜能，考核达成预期教育目标程度的一种评价方法。游戏化评价方法具有如下一些优点。

1. 有利于激发儿童的兴趣、情绪和潜能。

2. 可以实现课程与评价的有机整合，使"教、学、评"三者互相促进。

3. 提供合作学习和间接学习的活动情境。

4. 情境真实，兼顾认知与技能、情感与态度、过程与结果的教学目标。

如学生购物、观察风向、预报天气等活动，都是真实或仿真的情境。所谓动态化评价是与传统静态化评价相对应的一种方法。动态化评价是通过评价者与被评价者之间产生大量的互动，跨越多个时间点观察评估学生的进步与改变情形，了解学生动态认知历程与认知能力变化的特点和潜能。动态化评价方法通过评价与教学的整合，不仅可用在学生的课程学习评价，而且还用于发现与发展儿童的潜能。在应用动态化评价时，教育人员既可以设计一些结构性强、程序规范的评价方案，也可以根据教学与评价的需要，灵活运用或自己创造一些简易性的互动评价技术，常见的包括临床晤谈、放声思考、错误类型分析等方法。

总之，国外的考试评价改革表现出上述几个方面的经验和趋势，若用简练的语言来概括，可归结为：统整性，多元化；发展性，人性化；真实性，动态化；表现性，活动化。我国基础教育考试评价改革要有国际视野，但要基于我国的国情况，特别是要充分认识和尊重我国学校教育和考试评价的传统文化特点。

二、认识我国学校传统考试评价的文化特点

中华民族具有悠久的文明历史和灿烂辉煌的思想文化。其中，举世公认，中国又是考试的发源地。自古以来，中华民族就有崇尚读书、信任考试的优良传统习惯；历来中国人就把读书、教育、考试和人才选拔紧密地联系在一起。尤其是延续1300年左右的科举考试以及由科举考试制度所演绎的传统文化基因，根深蒂固地影响了中华民族的文化教育和思想观念，当今学校教育过程中的考试评价制度和方法也深深地刻上传统文化的烙印，表现出一些鲜明的中国特色。

其一，自古以来学校教育非常强调学生读书，多读书、读好书、读经典作品。希望学生强记博闻，达到"学富五车"，并且通过严格的书面考试制度加以强化。这种文化特点极大地影响了学校的课程设置、教学思想和教学方法。

其二，学校教育高度重视"三基"，即基础知识、基本理论和基本技能的教学，教师教学已经形成过分依赖教科书的局面。考试设计忠实于课本，在一定程度上表现出"以考促学"和教科书主义的倾向。

其三，学校教育历来弘扬"学而不厌""诲人不倦"的精神，教学与人才评价制度一贯促成"学完则考""考好则优""优者则仕"的局面。无论是名校还是名师，抑或是名牌大学的学生，他们成名的媒介基本上都是强烈地依赖于传统的考试制度。在我国，考试的作用已经远远超出教育的范畴。

其四，我国学校教育一贯重视并集中学习那些具体的便于考试测量的教学内容，故中国的学生在国际性学科竞赛中常常有绝佳和惊人的表现，也令世界上其他许多国家包括英美等一些教育发达国家的羡慕和称赞。这一教育特点和优势，应当说跟重视"三基"教学和考试制度强化是分不开的。然而，我们应当看到，我国传统学校教育和考试评价制度不够重视发展学生的创新能力、实践能力和应用能力。尽管多数教育工作者和学生家长也意识到这一点，有趣的是，他们中的许多人在思想深处已经形成对传统教育模式、教科书以及书面考试制度的"眷恋"情结，似乎感到只有这样才是踏实的、可信的和公平的。

其五，由于选拔人才的竞争，从古代的科举考试到今天的普通高考都显得十分激烈，因此，追求考试制度的公平性、客观性以及社会的稳定性，往往成为社会关注的焦点。人们只要回顾古代科举考试制度有过几度废兴的历史，再看看当今高校招生考试制度的权威性和高等教育自学考试制度的信誉，就会理解严格的考试制度之所以应当存在的理由。考试制度不仅是教育制度的重要组成部分，而且已经成为维护安定团结、政治文明和信誉社会的重要的措施。

其六，中国的父母亲格外在乎子女在学校的学业表现，同时大多中国的父母亲采取传统的管教模式，对学校考试和社会考试表现出极大的兴趣。虽然也有不少的家长责备现在的学校教育给中小学生带来过重学习负担，然而，学校或教育主管部门一旦出台有关减少考试和家庭作业量的改革措施后，这些家长却表现出不安。从某种意义上讲，中国的父母已经习惯并且形成对考试的依赖，中国人的血液中流淌着由千百年考试历史所孕育和传承的文化基因。

由上可见，我国学校教育中的考试评价制度有着深刻的杜会历史根源和典型的中国考试文化特色。在基础教育课程改革过程中，我们既要发扬优良的教育文化传统，也要认识自己的短处。只有这样才能保持优势，突显民族特色。然而，在考试评价改革进程中，我们还面临一些困难和问题，有待我们进一步来认识和解决。

三、正视考试评价改革所面临的问题与困难

近几年来，我国中小学校内考试评价制度与方法有许多重要的改进，如有些学校以活动化和游戏化的方式让学生体验"快乐考试"；有些学校创设"超市"考场，由学生扮演顾客和售货员，用规定的钱买东西；有些教师让学生用漫画写作文或者"打个电话给老师说一件事"也是考题。还有一些学校坚持用教育科学和心理科学来指导考试评价改革，或者借鉴教育与心理测量的方法，大胆进行考试评价改革创新。这些改革在一定程度上给学校和学生带来教育的新气象。然而，考试评价改革的发展是很不平衡的，从全国学校教育总体来看，对学生的考试评价改革仍存在一些问题与困难，主要表现在如下几个方面。

（一）考试评价的指导思想与学校教育理念、目标不相适应，把考试的教育功能简单化，考试的评定功能绝对化

长期以来，许多学校把书面考试作为学生课业和心智发展的唯一测评手段，而且考试设计和考试方法多局限于那些能够用纸笔材料加以测评的知识技能，对于那些没被测到的或者难以用纸笔测到的高级心智技能，则在日常教学中不够重视。这无形中使学校的课程内容变得更加狭窄，考试和教学关系异化；考试的其他种种积极的教育功能受到弱化，背离了基础教育所应秉持的教育理念。许多学校的教育人员不能科学地设计考试和正确地使用考试信息，常常利用细小的考分差异去夸大学生之间的能力差异，以此制造所谓学业差生或落后生，使这些学生蒙受许多羞辱。考试失败不仅给这些学生带来"少年新烦恼"及意志消沉，而且他们还常因影响所在学校的升学率而遭一些人的嫌弃。所有这些极端的现象，与学校教育的理念、目标尤其是与基础教育的性质及要求是格格不入的。

（二）考试评价抽象化和表征化

长期以来，学校考试评价只重视考试结果量化的分数表达，不重视分析研究每个学生的试卷，不重视学习过程和发展进步在质性方面的描述评价；只重视对认知领域可测性内容的考试测量，忽视了学校教育目标的广泛性和学习内容的丰富；只重视用抽象概括化的考分来评价学生的学习结果，不重视采用多种方法对学生发展进步作实质性的描述评价；只注意学习的共性目标，不重视对学生学习特点、发展进步以及潜能结构作个别化的评价。在这种单调和抽

象的课业考评方法下，必然丢失学习过程及考试过程业已显示出来的大量有用信息，并且把相同考分的学生看成相同的发展，忽视了学生在心理发展和智能结构差异的多面性和客观性。

（三）考试与命题常带有随意性，缺乏基本的命题技巧和起码的教育测量与评价学方面的质量要求

在我国的教师教育过程中，由于其课程设置缺乏对师范生进行教育测量与评价方面的专业训练，造成我国绝大多数教师不了解教育测量与评价的科学理念、基本理论和方法，甚至连考试和命题的基本科学常识都不具备，更不用讲教师如何诊断学生的学习困难、如何客观了解学生的个性心理、如何了解学生的发展潜能，因而从根本上也就无法把因材施教有效地贯彻到教育教学行动中去。

在评价学生方面，大多数教师除了用考试来评价学生外，不知道还能用什么方法才能更加客观、全面地评价学生。就连在编制学科测验、编写学生练习册甚至在编写中小学教科书过程中，也随处可见所编的试题或练习题违背了教育测量和教育评价学中的一些基本规则。

例如，在非语言学科的题目中，用不恰当的语言描述或用难懂的词语故意来提高题目的难度；有的教科书编写人员喜欢挖空心思杜撰出一些没有多少实际意义的难题、偏题和怪题来，似乎要显示其思想的"深刻性"，却害苦了学生，同时也无端地造成许多学习差生。

再如，有些填空题目在一句话中会安排4至5个空格，或者在一个短句中安排3个甚至4个需要改错的地方，这在逻辑上和思维上给学生造成困难，导致学生不知如何来作答，从而降低了考试的

有效性，通常也使教师对学生的学习情况造成误判。

此类事情，不一而足，比较多见。应当看到，我国教师在考试评价方面的专业化水平很低，影响了教育效果和考试评价功能的发挥。对此，应当引起人们的重视。教师不仅要有先进的教育理念，而且也需要提高教育教学及其考试评价方面的专业化水平。

总之，要搞好基础教育考试评价改革，就要正视上述一些问题和困难，采取有效措施，加强考试评价改革理论和实验研究，在考试评价改革专题内容上加大对中小学教师的培训力度，把转变教育观念和提高考试评价技能放在同样重要的位置上。

在我国基础教育考试评价改革宏观问题上，应该坚持"国际视野、国情本位"的改革指导思想，主张把国外的考试评价改革经验同国内传统考试评价文化特点加以整合，以构建具有中国特色的考试评价制度和文化。

从运作思路来看，考试评价改革的关键是处理好课程教学与考试评价的关系、书面测验评价和表现性测验评价的关系、动态评价与静态评价的关系、量化评价与质性评价的关系、过程评价和结果评价的关系、主观题测验评价与客观题测验评价的关系。

为·师·授·业·丛书

授业篇：

数学考试与评价

下

赵建阳◎编著

中国出版集团
现代出版社

图书在版编目(CIP)数据

教学考试与评价(下) / 赵建阳编著. —北京:现代出版社,2014.1
(为师授业丛书. 授业篇)
ISBN 978-7-5143-2164-7

Ⅰ.①教… Ⅱ.①赵… Ⅲ.①考试制度－研究－中国②教育
制度－教育评估－研究－中国 Ⅳ.①G424.74②G522

中国版本图书馆 CIP 数据核字(2014)第 017960 号

作　　者	赵建阳
责任编辑	王敬一
出版发行	现代出版社
通讯地址	北京市安定门外安华里 504 号
邮政编码	100011
电　　话	010－64267325 64245264(传真)
网　　址	www.1980xd.com
电子邮箱	xiandai@cnpitc.com.cn
印　　刷	唐山富达印务有限公司
开　　本	710mm×1000mm　1/16
印　　张	16
版　　次	2014 年 4 月第 1 版　2023 年 5 月第 3 次印刷
书　　号	ISBN 978-7-5143-2164-7
定　　价	76.00 元(上下册)

目　录

第五章　学生评价体系

第六章　学生评价价值判断基本范式策略

第七章　新时代的尝试

第八章　三种体系的未来

第五章　学生评价体系

第一节　学生评价体系的内涵

一、定义

指在一定教育价值观指导下，根据一定的标准，运用现代教育评价的一系列方法和技术，对学生的思想品德，学业成绩，身心素质，情感态度等的发展过程和状况进行价值判断的活动。

二、学生评价分类

（一）针对性陈述性知识系习得的评价

陈述性知识主要说明事物是什么、为什么、怎么样，是个人可以有意识地回忆出来的关于事物及其关系的知识。例如，历史事实、数学原理、观点信念等都属于陈述性知识的范畴。对学生陈述性知识的检测，一般采用传统的纸笔测验方式，包括填空题、是非判断题、选择题、匹配题、简答题、辨析题、论述题等，前四类属于比较客观的测验题型，后三类属于比较主观的测验题型。除了传统的纸笔测验外，教师还可以运用诉诸口头语言的交流式评价，来检测学生对陈述性知识的理解与掌握程度。

1. 传统的纸笔测验

（1）客观测验题型

客观测验题型一般包括：填空题、是非判断题、选择题、匹配题。其主要优点是：比较适合用来考察学生对事实性知识的掌握程度，但涉及得好的话也可以用来评估学生的高级思维技能，如有些试题先给学生提供一篇小短文、一张数据表或一幅卡通漫画，然后要求学生根据所提供的材料回答问题，在指定的选项中做出选择；考题的取样范围较大，可容纳大量的评价内容，学生可以在很短的时间内完成大量的评价题目；评分省时省力，而且比较客观；试题编制者完全控制了题干与选择项，因此，学生书写能力的影响得以控制。其缺点是，试题编制花费的时间较多，学生可以猜题等。

客观测验题的编制一般应遵循以下要求：不可在测验的指导语中使用晦涩的语言；不可在题目中使用模棱两可的陈述；不可在题目中使用生僻的词汇或过于复杂的句型；不可无意中给学生提供正确答案的线索，如正确项的陈述通常比错误选项的陈述长，在是非判断题的陈述中使用"从不"或"总是"这样的字眼；不要在同一个题目中考查两个概念，一个题目应集中考查一个概念；在判断题的陈述中少用否定句，尽量不要使用双重否定句；在选择题中，应尽可能把内容放在题干中，选项应简洁；在选择题中，应随机安排正确答案出现的位置；不要使用"以上选项都正确"这样的选项，但可以使用"以上都不对"这样的选项来增加题目的难度。匹配题（由指导语、前提项、反应项组成）的编写要求通常有：匹配题的每一列应由同质的条目组成；反应项要比前提项多一些；说明匹配的要求以及每个反应项可被使用的次数；所有的前提项和反应项应在同一页内呈现，等等。

（2）主观测验题型

所谓主观测验题型，并不是指这种题型完全是主观化的、随意的，没有相对正确的标准，而是指在这种测验题型中，学生可以自由地构建对问题的反应，他们有充分的表达自己思想观点与情感的机会，而且，题目的答案可能不止一个，学生有一定的自由发挥的空间与余地。

主观测验题通常表现为简答题、辨析题、论述题，其优点主要是：比较适合用来考查和评估学生高级思维技能，如思维组织能力、逻辑表达能力、维护自己的立场与观点的能力、观点整合能力等；学生可以自由发挥，展示自己的独特理解；试题的编制相对较容易；减少了学生猜测正确答案的机会。其缺点主要是：考试覆盖的教学主题偏少，考题的取样数量受到限制；考卷批阅和评分比较费时；评分带有一定的主观性，教师难以对学生的回答做出稳定而可靠的评分，教师对每份答案的评分可能会受到教师当时的情绪、学生过去的成绩、阅卷的先后顺序等变量的影响。

2．交流式评价

通过与学生交谈，教师可以获得大量关于学生学习状况的有用信息。我们很少把人际交流看做是一种"评价"，但事实上这就是一种评价方法。比如，在课堂教学中，广大教师经常使用的"课堂问答法"，就是一种比较典型的交流式评价。其具体做法是：在教学过程中，教师提问，让学生回答，教师根据内在的标准对学生的回答做出评判，然后推断出学生对知识的掌握水平，并调整教学的过程。有效的课堂回答必须遵循以下的要求：根据重要的教学目标来提问；

提问要清晰、简洁、直截了当；既要提问那些主动要求回答的学生，也要提问那些没有举手的学生；教师的提问应在成绩好的学生与成绩差得学生、男生与女生、前排学生与后排学生之间均衡分布；在提出一个问题之后，要耐心等待学生回答；对正确的或高质量的回答予以表扬，对不正确、不完整的回答，教师要运用连续性问题探究学生的反应，帮助学生完善回答，或者找出不正确回答的原因；对所有学生都予以尊重和鼓励，不管他们的回答是否完整、是否正确、是否合理。

除了使用课堂问答法外，教师还可以通过课堂讨论，来对学生的学习与理解状况进行直接或间接的评估。学生参与课堂讨论，他们所说的本身就能提供关于他们学业成绩和个人感受的大量信息。在讨论中，教师一边听取学生的发言，一边观察学生的反应，一边对学生的学习与理解状况进行评估。此外，人们常说的"口试"（或口头测验），也是一种行之有效的交流式评价。在口头测验中，教师设置和提出一些问题，让学生思考后做出口头回答。接着，教师仔细倾听和理解学生的回答，并针对学生的回答做出灵活机动的反应（如追问、探问等），由此推断学生对有关知识的理解与掌握程度。

交流式评价的突出优点是，它比其他类型的评价更自然、更隐秘，能把评价与教学有机地结合起来。比如，在课堂上，教师通过提问发现问题，并立即纠正学生的错误概念或有缺陷的推理，这样就把"评价"与"教学"有效地结合起来了。此外，在人际互动交流中，教师可以不断地提出自己最想了解的问题，还可以根据学生的回答，提出进一步的疑问，以便深入地揭示学生的思维过程，探测学生究竟是怎么想的，这是其他评价方法所做不到的。

交流式评价要达到它的预期效果，必须满足一定的条件。首先，交流双方必须拥有共同的语言和文化背景，这是互动交流的基本前提。其次，教师应致力于为学生创建一个心理安全的评价环境。只有让学生感觉处于一个安全的、充满信任的学习环境中，他们才能在交谈中真实地表达自己的想法与看法，也只有这样，教师才能获得有价值的评价信息。再次，在交流中，教师的提问必须反映重要的学业目标，具有代表性，否则，就会因为取样误差导致无效的评价。

（二）针对程序性知识习得的评价

1．程序性知识的概念

程序性知识是关于"怎样做"的知识，或者说是关于完成某项任务的行为或操作步骤的知识。有时，人们把这种知识称为实践性知识。程序性知识常常镶嵌在特定的实践情境中，并通过个体外在的行为显露出来，因此，人们常常把"程序性知识"称为根据某人会做什么而推知某人所具有的知识。

程序性知识具有不同的类型与表现形式。通常人们所讲的各种操作步骤、实践技能都属于程序性知识的范畴。除此以外，各种"策略性知识"（如学习策略、问题解决策略），都属于程序性知识的范畴。策略性知识是关于"如何学习"、"如何思维"、"如何解决问题"的知识，是调节自己的注意力、记忆力、思维力的知识，是控制自己的学习与认知过程的知识。

2．表现性评价

如何评价学生对程序性知识的习得与掌握程度呢？常见的方法是，对学生实际从事某项活动或完成某项任务的具体行为表现进行观察，然后依据事先议定的表现性标准对学生的学习进行评价。

表现性评价的根本目的在于，考察学生将知识和理解转化为实际行动的能力。学生能够背诵课堂规则，并不意味着他们在课堂环境里能够执行课堂规则；学生能够写出一连串确保实验安全的操作步骤，但这并不意味着在特定的环境里，他们就能够真正地展示这种操作技能。

表现性评价已广泛应用于以下这些领域：交流技能（如写作、朗读、演讲、辩论等），操作技能（如握笔、组装仪器、使用剪刀、解剖青蛙、打字等），运动技能（如罚球、蛙泳、跨栏等），概念获得展示（如构建开发电路和封闭电路、识别未知的化学物质、对实验数据进行概括等），社会情感技能（如共享玩具、小组合作、遵守校规、自我控制等）。

表现性评价最大的优点在于，它可以在真实情境中检测出学生对程序性知识（也即实践技能）的掌握程度。认知心理学研究认为，所有认知任务的完成都需要两种知识，即陈述性知识和程序性知识，某些类型的程序性知识（如与他人写作、发表演讲、参与讨论、演奏乐器、戏剧表演、舞蹈、展示体育技能、操作实验、安装设备和使用电脑等）很难通过传统的笔纸测验加以评价，只能通过表现性评价才能加以检测。不过，表现性评价也有它的不足。设计表现性评价任务，制定学生行为表现的评分标准（或量规），以及实际的评分过程，都会耗掉教师大量的时间。

（三）针对学生情感发展状况的评估

1. 对学生情感发展状况进行评价的重要性

从某种意义上讲，学生在情感、态度、价值观方面的发展，比认知方面的发展更为重要。有许多人虽然智力方面谈不上"天才"，但由于动机强烈、执着、勤奋，也取得了很大的成功。相反，有些人本身很能干、很聪明，却由于缺乏自信、兴趣或坚持，不敢迎接挑战，最终陷入平庸。

情感态度既是教育教学的重要目标，又是影响教学效果的重要变量。因此，教学必须关注和评估学生的情感状况。但在现实中，很少有教师意识到培养学生情感、态度的重要性，对学生的情感状况进行评价的教师更是凤毛麟角。

一般来讲，对学生的情感发展状况进行评价涉及以下几个评价维度：（1）学生对学科的态度。教学结束后，学生对教师所教学科的态度应比教学刚开始时更积极，至少，学生在教学结束时应对该学科不再报消极的态度。（2）学生对学习的态度。良好的学校教育应使学生热爱学习，感受到、体验到发现、探索和创造的快乐，体验到求知本身给人带来的乐趣，而不是厌恶学习或逃避学习。（3）对自我的态度。良好的学校教育应引导学生养成自尊、自信、自立、自强的态度，形成正确的自我概念。（4）对他人的态度。学生应与班上来自其他种族、国家或宗教群体的学生友好相处，相互学习，共同进步与提高。

2. 搜集有关学生情感状况的评价信息

（1）问卷调查法

常用的问卷调查法是使用利克特自陈量表。使用利克特自陈量表时，一定要让学生以匿名的方式来回答问题。在完成情感自陈量表时，许多学生会根据教师的期望做出反应，尤其是当学生认为教师会追踪他们的反应时，他们就会更倾向于做出"社会称许反应"。

此外，问卷不能太长，这样会造成学生的疲劳与厌烦；并且，问卷中的问题不能"诱使"学生做出你所希望的回答。不过，利克特自陈量表并不是评价学生情感倾向的唯一方式。比如，采用学科排序法，即简单又管用。

（2）轶事记载法

日常观察可以为教师提供大量关于学生情感状况的有用信息，记录日常观察信息的常见方法是轶事记载法。这种方法是指教师把他所观察到、他认为特别重要的或有意义的有关学生的教育事件或片段，用简短的文字记录下来。好的轶事记录应该保持对事实的客观描述，而不是对学生的行为表现含义做出解释。

轶事记录法最大的优点是，它能够描述自然情境中的真实行为。除了描述学生的典型的行为方式外，轶事记录法还有助于收集学生个别但非常重要的行为表现。轶事记录法的缺点是，要完成一个系统的观察记录需要较长的时间。而且，轶事记录法很难客观地观察和记录学生的行为，教师的观察可能会受到与性别、种族等相联系的刻板映象的影响；学生在不同的时间、情境下行为表现各不相同，要获得充足的、有代表性的行为样本，也有不小的困难。

（3）同伴提名法

在领导能力、关心他人、合作学习等方面，一个学生的优势与不足，学生往往比教师了解得更多，作为一个外部观察者，教师很难观察到学生与同伴之间发生的个人互动。因此，在某些方面，采用同伴提名法（也称同伴评价法）更为有效。同伴提名法的具体做法是：给学生呈现一系列简短的行为描述，要求学生写下最适合每项描述的同学姓名。

（4）个别访谈法

面对面的、一对一的个别访谈作为一种自我报告的方法有以下几个优点：首先，它比较灵活，访谈者可以追问，澄清问题；可以给访谈对象提供说明或扩展问题的机会。其次，访谈者可以对访谈对象进行观察，注意他们的回答相联系的感情、他们似乎要回避的主体，以及他们最感兴趣的话题或领域。最后，访谈不仅可以收集来自访谈对象的信息，而且还可以与访谈对象分享某些信息。

尽管个别访谈一直是获得学生自述信息的理想方法。但是，个别访谈非常消耗时间，而且这样获得的信息往往不规范。有效使用个别访谈法的前提是，个体不但愿意，而且能够准确的报告。

3. 综合方面的评价信息撰写评语

学习通常采用"质性评价"的方法，也就是教师给学生写"学期操行评语"的方式来进行。这种评价一般是班主任根据平时对学生的观察与了解，按照德、智、体、美全面发展的要求，对学生一定时期内各方面的实际表现进行综合的评定，这种评定虽然也包括学业方面的评价，但侧重点主要放在学生情感、态度和品行方面。

给学生写"学期操行评语"一个总体的指导思想是，帮助学生更好地认识自己、了解自己，而不是为了给学生简单地贴一个标签，分出一个好坏优劣来。他有4方面的要求。

（1）以事实为基础。这是教师写好学期评语的基本前提，它要求教师随时观察和记录学生的行为表现。通过家访、个别谈心，通过听取科任老师、同班同学的反应等渠道，深入细致地了解学生的思想动态及个性特点，建立学生个人成长档案。

（2）恰如其分。评语内容应恰如其分，不夸大也不缩小，切忌以偏概全，要么全面肯定，要么全盘否定。在这方面，教师应有意识地克服"定势效应"、"晕轮效应"等给学生评价带来的不利影响。

（3）有针对性。好的学期评语应具体指明学生的发展与进步突出的优点与长处在什么地方，主要的缺陷与不足又在什么地方，还要给学生提出具体的、切实可行的期望、建议与要求。那些笼统的、空泛的、一般化的评语，对学生的发展与进步没有任何作用。

（4）以鼓励为主。好的学期评语应对学生具有激励和鼓舞作用。为此，评语应充分肯定每个学生的优点与进步，给予学生以充分的信任，相信他们可以变得更好。这就要教师以发展的眼光来看学生，避免给学生乱贴标签；允许学生犯错，给予学生改正错误的机会；对于学生所犯的非原则性的小过失，给予足够的宽容与谅解，不要过于苛责等等。

（5）因人而异。由于每个学生个性特点情况各异，因此，写评语也应具有一定的弹性，做到因人而异。

第二节　从历史的视角看学生评价的变革

学生评价在教育评价活动中是最基本的评价活动，其他任何评价活动都与学生评价有着千丝万缕的联系。

学生评价在教育评价领域中，是一种古老而常新的教育活动，说其古老，是因为它随着学校制度的产生就产生了；说其常新，是因为学生评价作为人们广泛关注的话题，在不同的时代条件下，具有鲜明的时代特点。

在教育发展早期，教育评价活动的全部关注点就是对学生的评价，教育评价发展的历史几乎就是学生评价发展的历史。从这个方面说，学生评价可以说是最古老的教育评价活动。早在两千多年前，在我国战国时期的教育典籍《学记》中就有这样的描述："比年入学，中年考校。一年视离经辨志，三年视敬业乐群，五年视博习亲师，七年视论学取友，谓之小成。九年知类通达，强立而不反，谓之大成。"这些描述虽稍显粗略，但它却具体描述了我国古代教育中学生评价的基本情况，从中也体现了当时教育评价的发展状况。

20世纪50年代末以前，学生评价经历了漫长的发展历程，在中国，笔试方式的不断改进以及考试方法和手段的多样化，促进了以考试为基础的评价完善和发展，并逐步得到了世界多数国家和地区的认可。20世纪以来，随着教育测验运动的繁荣、泰勒评价原理的提出、教育目标分类学的推动，学生评价完成了从朴素的、经验的活动向科学化的转变，在评价活动中越来越强调客观和科学，评价技术和手段也得以不断更新并日臻完善。

从20世纪60年代开始，教育评价在教育活动中的地位越来越重要，人们对教育评价的研究活动越来越广泛。通过不断深入的研究，人们发现，原来评价目的和评价方式都存在问题，必须正确认识并改进这些问题，教育评价才能更好地发展。在对教育评价发出疑问时，首当其冲的就是学生评价。人们首先对学生评价的目的与功能进行了质疑，在此基础上，人们开始对学生评价进行多种形式的批判，特别是以考试和分数为主要表现形式的学生评价成了人们批判的焦点。学生评价面临着前所未有的挑战。但学生评价作为教育评价的主要形式，在教育评价活动中有着不可动摇的地位。在批判和质疑的同时，人们关注更多的是学生评价的重建工作。20 世纪 80 年代以来，学生评价在以人为本的基本理论下，特别是人文社会科学研究传统影响下，学生评价发生了很大的变化，具体表现在以下几个方面。

第一，当代学生评价强调创设适合并促进学生发展的教育环境。

现代教育评价产生之初，学生评价的主要作用在于让教师和管理者了解学生的情况，以便选拔出最优秀的学生接受更高一级的教育，它的主要功能在于对学生进行分等和选拔。从 20 世纪 60 年代开始，教育评价的功能和作用发生了很大的变化，通过评价活动，主要在于使教师和学生了解更多的信息，进而改进教育教学活动，提高教育教学质量，促进全体学生的发展。这样，学生评价就由原来充当分等、鉴定、选拔的工具转变为调控教育活动的重要手段。

学生评价这一功能的转化，也极大地促进了教育评价的大发展，教育评价的范围也由原来的仅仅以学生为单一的对象扩大到教育的方方面面。通过教育评价的改进和调控功能，不断地改变教育的软硬件环境，使教育的各方面因素与促进学生发展这一目的相适应，从而实现教育评价根本上的功能转向。

第二，当代学生评价从重视结果评价向更重视过程评价发展。

学生评价发展的历史表明，评价活动的对象主要是针对学生的学习结果，注重结果评价的方式在现代教育评价产生以后长期以来却没有根本的变化，人们在观念上更容易接受对最终结果的评价。导致"一考定终身"以及类似现象大量存在，评价就很容易变成上级对下级、教师对学生管理和控制的重要手段，而被评价者只能被动接受评价结果，评价活动常常成为被评价者等待"法官（评价者）"的"审理"和"宣判"的过程。

当代学生评价则把对过程的评价和对结果的评价置于同等重要地位，在某种程度上，对达到结果的过程的评价比对单纯的结果评价更重要。基于此，学生评价的关注点正由原来的强调对学习结果的评价逐步转向对学习过程的评价。这一转变的最大特点就是极大地增强了评价的教育性功能，它促使人们从观念上对学生评价形成一种全新的认识。学生评价不仅关注学生发展状况的评价，更重视学生发展历史的追踪式评价。在对过程的评价中，让学生真正参与到评价中来，使评价能够触动学生的内心深处，从而产生教育意义，这样才能把学生评价过程变成教育和指导的过程，变为不断促进学生发展的重要手段。

第三，当代学生评价的评价主体由一元向多元发展，评价对象由被动等待向主动参与发展。长期以来，学生评价的评价主体主要是由教师担任，其主要评价方式是自上而下的评价，这种现状容易导致评价过程和评价结论的武断，有时甚至造成评价者与被评价者之间的对立。当代学生评价的一个重要特征就是评价主体由一元向多元发展，注重从多方面对评价对象进行评价，评价主体的范围大为扩展。评价者除了原来的自上而下的教师对学生的评价，还有学生小组对学生个体的评价，也有学生个人的自我评价等，通过多方面、多角度对评价对象进行评价，使评价结果更全面，发现问题也更有针对性，更有利于学习质量的提高和学生的全面发展。

与评价主体多元化趋势相适应，当代学生评价中评价对象的参与度也发生了根本的变化。在传统学生评价中，作为被评价者的学生没有任何评价权利，只有被动接受评价的义务，评价过程就是被评价者根据评价者发出的指令被动地行动，对评价结果也只能全盘接受，毫无自主权可言。当代学生评价顺应世界教育评价发展的趋势，强调评价过程中的人文因素，人与人之间的对话，特别是评价者与被评价者之间的交流和合作，促使学生主动愉快地参与到评价过程中来。

在学生评价中学生主动参与评价有两种方式，一种是在他人评价中的主动参与，积极配合评价者的评价，有意识地从评价中选择和吸收对自身发展的有用信息，以便有针对性地改进学习和提高自身。另一种是自我评价中的自我控制、自我调整。通过自我评价，正确认识自己的学习活动和其他方面的发展状况，根据所了解的情况，及时进行自我调整，促进自身的不断完善和提高。

第四，当代学生评价的评价方法向综合、多层次、全方位方向发展。

传统的学生评价内容主要局限于学生认知领域，以考试和测验为主要手段，即使在认知领域，也是对知识获得的评价强调有加，对学生能力发展的评价重视不足。随着对学生的认识不断深化，由原来的把学生作为灌输知识的"容器"到现在的把学生作为一个完整的、活生生的、有血有肉的人来看待，这一认识促进了学生评价内容的丰富和扩展。当代学生评价试图建立对学生多方面发展的评价体系，注重对学生学习能力、态度、情感、创新精神和实践能力等的综合评价。通过全方位的学生评价，在全面了解学生发展的基础上，对学生进行有效地指导，真正使全体学生得到全面发展。

与评价内容扩展相适应，当代学生评价的方法也有了很大的不同。当代学生评价，是基于把学生作为学习和发展的主体来认识，在认识到分数重要性的同时，并不夸大分数的意义，也不刻意强调考试与测验的作用，而是主张采用多种方法相结合，努力寻找各种有效评价学生的方法，试图形成立体、综合、多层次的评价方法体系，对学生进行全方位的评价。在此基础上，根据每一种方法的优缺点，对其效果进行分析比较，择善从之，防止形式化倾向，使各类评价方法产生最大的效应，促使学生评价具有现实有效性。学生评价的这一发展趋势在近年来表现得尤为明显。随着基础教育课程改革向前推进，各种评价方式和方法层出不穷。如各实验区广泛开展的成长记录袋评价，它和传统的评价方法一起，相互补充、相辅相成，发挥各自的优势，弥、补各自难以克服的缺陷，共同为学生评价的发展与完善服务。

第六章 学生评价价值判断基本范式策略

第一节 价值判断范式基本内涵

1. 含义

关于价值判断，在《教育评价辞典》中有这样两种定义：一是判定事物价值程度的思维过程；另一种定义是一定的行为主体对于客体（即被评价对象）所作出的主客体关系的判断。以下的的价值判断分析则更大意义上涉及对关系的判断。

"范式"一词最早由库恩在《科学革命的结构》中提出，指的是一种理论体系或范例。在教育评价领域，"范式是一套相互关联的概念，它提供了人们观察和理解特定问题和活动的框架，决定了人们的目的、解释观察到的现象以及解决出现问题的方式。"

对价值判断范式进行定义：价值判断范式是对事物或人进行评价的过程中所涉及的一系列关系的统整，它将各种因素类型化，简便化、给人们提供了观察和理解某评价问题及活动的基本框架，决定着人们解决问题的方式。

2. 学生评价价值判断基本范式

通过对已有学生评价方法和评价模式的研究总结，结合教育研究的两大基本范式，同时为规避目前对其称呼上的争议，采用黄云龙先生的提法，将学生评价价值判断基本范式界定为控制——量化范式和观察——理解范式。

进行价值判断必然要确定价值判断的范围，进而在其各自范围内选择合适的价值判断基本范式。学生评价目前主要有两大维度，即学生学业评价和综合素质评价。学生评价价值判断基本范式选择研究就是要从学生学业评价和综合素质评价两大维度出发，并结合两种范式各自特点，分别研究在学生学业评价领域和综合素质评价领域应该选择何种价值判断的基本范式以及如何选择价值判断的基本范式问题。

3. 学生评价价值判断基本范式选择的一般原则

学生评价价值判断基本范式选择的一般原则是在进行基本范式选择时应遵循的基本准则和指导思想，是学生评价价值判断基本范式选择的基础，具有导向作用。进行学生评价价值判断基本范式选择既要符合新课程理念，又要注意可操作性，具体来说则是在选择时应遵循发展性原则、差异性原则、操作性原则、科学性原则和实效性原则。

（1）发展性原则

发展性原则是指学生评价价值判断基本范式的选择应该以促进学生发展为中心，所选基本范式要为学生的发展提供弹性的空间，并能激励学生的积极性，促进学生在原有基础上取得更大发展。美国著名心理学家马斯洛的需求理论认为，每个人都有一定的需要，这些需要从低到高依次为生理需要、安全需要、爱和归属的需要、认知需要、审美需要以及自我实现的需要，当低层次的需要满足时，人们就会追求更高层次的需要。但是不管其需要层次的高低如何，每个人都会追求新的发展。因此，在选择学生评价价值判断基本范式时，应该为学生的全面发展提供广阔的空间，关注学生的差异，使所有学生在原有的基础上都能够得到发展。贯彻这一原则，最根本的一点是要树立发展性评价观点，用现代教育评价理念指导学生评价工作，学校领导和教师要有克服各种阻力和困难的勇气和决心，努力尝试。

（2）差异性原则

差异性原则是指学生特点各有不同，在选择学生评价价值判断的基本范式时，应该尊重学生的差异性，认真考虑学生的年龄、特长、知识结构等特点，以更好地促进学生发展。美国哈佛大学加德纳的多元智能理论认为，人的智能至少有九种，但这些智能并不是均衡发展的，每个人只可能在某方面表现较为突出。因此，在进行学生评价价值判断基本范式选择时，应该尊重学生的差异，尊重学生学习和发展的主体性地位，根据学生的特点将两种基本范式综合运用，对学生进行多元评价，使学生的特长得以表现，同时应做到分层设计、分类推进，以促进学生主体性的发展。只有这样，才能提高学生对评价的积极性，使学生在不同基础上都得到发展。贯彻这一点，就应努力设置多维的评价目标和标准，不搞"一刀切"，用发展的眼光多角度看待学生。

（3）操作性原则

操作性原则是指所选择的学生评价价值判断基本范式应该具有

一定的可行性，是在现有条件下容易操作并能深入开展的。因此，选择学生评价价值判断的基本范式，应该注意其要有一定的可操作性，要注重多元主体的参与，评价操作要实现信息化，评价结果要有可比性。如观察——理解范式具有较多优点，但是其操作性较差，需要花费较大的人力、物力，而且在一定程度上难以满足选拔的需要，这时就应考虑如何与控制——量化范式相结合。做到这一点，就要善于对评价工作进行研究和总结，善于对各种基本范式进行尝试和探索，以增强其可行性和操作性。

（4）科学性原则

科学性原则是指不管在学生学业评价领域还是在综合素质评价领域，在把握基本范式基本特征的前提下，要保证选择的基本范式在某领域内的运用具有合理性、有一定的科学依据。学生评价价值判断基本范式选择时，必须保证其科学性。两种基本范式各有其优缺点和适用的领域范围，选择时应该根据不同年级、学科等特点，结合各种范式自身的优缺点和适用范围，科学地综合运用各种范式。科学的评价才能促进学生的积极性，使学生乐意接受评价结论和建议，从而促使学生健康全面地发展。另外，选择学生评价价值判断基本范式时，要以客观实际为基础，避免主观臆断和感情因素的影响。

（5）实效性原则

现代教育评价不但强调信度和效度，更强调教育评价的实效性。学生评价价值判断基本范式选择的实效性原则就是指其能收到实际效果，能真正对学生有所帮助，促进学生发展。在选择学生评价价值判断基本范式时，应注重评价的这一原则，不能敷衍了事、走形式、弄虚作假、蒙混过关，要综合考虑评价的内容、评价活动的目的及阶段、被评价者的年龄特征及心理特征、评价技术的可行性等因素，把真正促进学生发展放在首位，只有这样才能使评价起到激励与指导作用，收到良好的效果。贯彻学生评价价值判断基本范式选择的实效性原则，就要加强对学生评价工作的重视，注意对学生评价基本范式选择实践中出现问题的研究和总结，解决实际问题，以期增强基本范式的适应性及效果。

第二节　学生评价价值判断基本范式选择策略

　　应对基础教育课程改革要求纳入学生综合素质评价的现状，在总结已有理论研究及实践调查的基础上，将对学生评价价值判断基本范式选择策略进行了探讨。学生评价价值判断基本范式选择策略包括：明确评价目的，构筑"问题中心"选择机制；借鉴他人有益经验，树立"权变"选择思想；广泛征询意见，推行"渐进式"选择原则；借助现代评价工具，实现两种基本范式的有机结合。

　　一、明确评价目的，构筑"问题中心"选择机制

　　评价目的是整个评价活动的关键点，进行学生评价价值判断基本范式选择就是围绕评价目的进行的，评价目的不同就会有不同的选择倾向。所以，进行选择时首先要明确评价目的，确定评价活动所要解决的"问题"，这样才能有的放矢，收到良好效果。

　　1. 以确定评价目的为选择评价范式的先导

　　评价目的是开展评价活动的前提和出发点，也是衡量评价活动

是否取得预期效果的重要指标。学生评价目的的明确程度直接关系到学生评价价值判断基本范式的选择问题，是学生评价价值判断基本范式选择的先导。评价目的越明确，评价方案越具体，就越有利于学生评价活动的开展及学生评价价值判断基本范式的选择和确定。

不同评价目的的评价，其评价活动的组织程序及基本范式的选择会有所不同。确定评价目的，就要综合评价的各个因素，通盘考虑，通过各种渠道获取多种评价信息，了解相关评价参与人员的意愿等等，从而确定较明确的评价目的，进而考虑评价活动的内容等选择最合适的价值判断基本范式。如在学生学业评价活动中，以终结性评价为目的的学生评价活动，其价值判断基本范式的选择就可偏重控制——量化范式，而以形成性评价为目的的学生评价活动，观察——理解范式就更具优势。因此，明确评价目的，才能选择合理的价值判断基本范式，并真正发挥其作用。

2. 把握两种基本范式的特征

学生评价价值判断基本范式选择的前提是对两种基本范式的正确解读。了解两种基本范式的特征，有利于在具体的学生评价活动中更有针对性地选择学生评价价值判断基本范式。

控制——量化范式强调对学生进行量化的描述，其主要形式为纸笔测验，主要是对学生进行标准测验或者常模测验，多是通过分数来反映学生发展的结果。因此具有精确、简洁的特点，而且能较好地避免人为因素的干扰，相对客观公正，且在很大程度上易满足评价的选拔与甄别功能。但是，控制——量化范式忽视了学生发展的多样性，把复杂的教育现象简单化，往往容易丢失教育中最根本、最有意义的内容。

观察——理解范式试图通过对学生真实情境下的自然观察，全面地描述和记录学生的发展，并对学生的发展做出解释。这种范式比较注重表现性评价，给学生提供了弹性的发展空间，具有全面、深刻的特点，注重对学生发展过程的评价。但是其相对周期较长，费时费力，且对评价的要求较高，主观性较强，因而效度较差。它在本质上并不排斥控制——量化范式，在某种情况下，仍然根据评价的内容、目的等与控制——量化范式结合使用。

通过对已有学生评价理论及实践的研究与总结发现：控制——量化范式能够直接反映评价对象的特点，强调共性和统一性，适用于简单的、可以数量化的教育现象，多用于共性的、容易测量的基本素质方面，如对学生基础知识和基本技能的测量，也用于因果关系的探求；而从其作用上看，多用于对教育效果的研究。观察——理解范式强调学生真实情境下的表现，强调个性与多元性，适用于对复杂教育现象的评价，多用于丰富的个性发展和行为表现等不易测量方面，如对学生个性和特长的描述等；此外，在涉及到多元主体时，由于各主体有其自身的利益、涉及到了多元价值观，这种情况下也多以观察——理解范式为主。

这些基本特征是在实践中长期、反复运用并加以总结形成的，具有一定的普遍性和指导性。在学生评价价值判断基本范式选择操作时，应遵循这些基本特征，以期更好地指导学生评价工作的开展。

3. 构筑"问题中心"选择机制

现代教育评价强调"问题中心"，是以问题为导向的评价。学生评价价值判断基本范式的选择也要以"问题"为中心，要通过基本范式的选择解决某个具体问题，而不能随波逐流，搞形式主义，回到"方法中心"的老路上。

构筑"问题中心"的学生评价价值判断基本范式选择机制，强调学生评价价值判断基本范式选择的问题导向，就要首先确定"问题"，并对"问题"进行深刻探讨和研究。就学生评价价值判断基本范式的选择来说，要首先考虑在学生评价的两大维度即学生学业评价和综合素质评价上，各维度要重点考量学生的哪些知识或能力？这些要考量的知识或能力有什么基本特征？通过什么样的手段能达到测量的目的等等，明确了评价活动要解决的各种"问题"，然后再考虑哪种价值判断的基本范式或者基本范式如何结合才能更好地实现目标，以使"问题"得到较圆满的解决。

工具、方法的选择与使用要配合内容的性质与需要。在学生评价价值判断基本范式选择时，坚持以问题为中心，还应做到根据评价的内容、评价目的、学生发展的特点以及评价的阶段选择合适的基本范式，或偏重一种基本范式，或两种基本范式并用。如控制——量化范式虽有诸多不足之处，但是在学生基础知识的测量上就有许多观察——理解范式无法比拟的优点；而在涉及到学生的个性及行为时，真实情境下的观察就更有优势，应该以观察——理解范式为主；再者还要根据学生评价所处的阶段及目的选择合适的价值判断基本范式，如在形成性评价时，应该偏重观察——理解范式，而在终结性评价时，控制——量化范式则更具优势；另外还要根据学生的认知水平以及年龄、年级特点等，选择合适的基本范式或者两种基本范式结合使用。

二、借鉴他人有益经验，树立"权变"的选择思想

权变，简单地说，就是权宜、应变的意思。世界不是一成不变

的，学生评价也是如此。权变策略要求在进行学生评价价值判断基本范式选择时，参与人员要综合考虑评价的各种因素及学校的实际情况灵活选择，不能墨守成规；另外要克服模式化倾向和非此即彼的思想认识。

1. 学习吸收国外已有的成果

国外学生评价改革，尤其是英美等国家的学生评价改革起步较早，成效也较显著，借鉴其在学生评价价值判断基本范式选择上的已有成果和经验，有利于更好地指导我国学生评价价值判断基本范式选择的研究与实践。

近年来，国外在学生评价价值判断基本范式选择的探索上，主要强调观察——理解范式的引入，注重对学生日常表现的观察和记录。美国的真实性学生评价以观察——理解范式为基本指导，强调观察——理解范式和控制——量化范式的结合运用，两者互为补充，认为只要能更好地反映学生的发展表现，课堂观察、访谈、成长记录袋等都可使用。但是强调观察——理解范式的引入不是对控制——量化范式的排斥，他们各有其自身的特点，适用不同的领域。控制——量化范式在考查学生基础知识和基本技能上就更有优势。如在澳大利亚的学生学业评价中，国家强调以控制——量化范式为主来判断学生是否已达到基准。

学习借鉴国外已有先进经验，总结其先进思想及成功案例，有利于加快我国学生评价改革的步伐。但是我国学生评价的发展有其自身的特点，在大胆吸收借鉴国外学生评价价值判断基本范式选择的已有研究成果时，要有"权变"意识，不能盲目照搬照套，应注重其本土化研究，以更好地适应我国学生评价的实际。

2. 关注国内相关改革实践

自新课程以来，我国的学生评价改革取得了较大发展。一些地区在学生评价价值判断基本范式的选择上也积累了一些宝贵的经验，这些经验在一定程度上更符合我国教育及学生评价的现状，是值得借鉴吸收的。如山东省烟台市工人子弟小学的学生评价改革，本着"加强平时，取消期中，淡化期末"的原则，用"等级＋特长＋评语"的模式全面评价学生，具体做法是：文化课分项考试，等级评价；活动课选择参与，写实评价；品德行为——观察引导，评语评价。可以看出，这种评价方式的指导思想是淡化控制——量化范式，多途径引入观察——理解范式。上面提到的某些地区评价方案的部分内容也体现了这一点。

国内关于学生评价价值判断基本范式选择的已有研究与实践，一定程度上更贴近我国实际，对现实的指导意义也更强。但是需要指出的是，我国的地区差异在一定时期内还会存在，因此借鉴和研究国内相关改革时，也必须树立"权变"意识，注意具体问题具体分析。

3. 结合实际因时因地制宜

学生评价价值判断基本范式不能也不可能是一成不变的，各地区也很难采用完全相同的范式，必须结合实际因时因地制宜。在我国目前的教育状况下，各地区教育发展水平不一，且优质教育资源的短缺与人们教育要求的提高之间仍然存在着矛盾，因此在学生评价价值判断基本范式选择的策略上，应以观察——理解范式为基本出发点，并逐步完善控制——量化范式为基本指导思想，树立"权变"意识，结合实际选择最合适的学生评价价值判断基本范式。从以上的评价方案分析中也可看出，各地区都在以发展性评价为基本理念，结合本地实际进行各种具体评价方法的研究与探索。同时以"权变"思想为指导，对不同的评价领域也进行价值判断基本范式的选择研究。如对学生各维度的表现进行观察，对学生发展结果以综合性评语或等级表述等，体现了观察——理解范式的基本思想；而在涉及到选拔，尤其是升学等问题时，又结合了控制——量化范式，将等级转化为分数或者赋予一定的权重，以具体分值的形式记入学生总成绩，以更好地实现选拔功能。

三、广泛征询意见，推行"渐进式"的选择原则

不同的评价参与主体处于不同立场，持有不同的价值观，广泛了解评价参与人员的意愿，并加以吸收融合，不但有利于学生评价价值判断基本范式的选择，还有利于所选范式的运用和推广。此外，选择学生评价价值判断基本范式时，还应做到循序渐进，不能随波逐流，盲目推进。

1. 了解、尊重广大师生的态度意向

评价工作的开展应注重多元主体的参与。多元主体的参与丰富了评价活动本身，但由于各主体的价值立场不同，对其理解就会有所不同，因而也会在一定程度上影响评价工作的开展和效果。广大教师及学生是学生评价活动的主要参与者，了解并尊重广大教师和学生对学生评价价值判断基本范式选择的态度意向具有重要意义。上述问卷调查和访谈发现，广大教师及学生对学生评价价值判断基本范式本身的理解，以及在学生学业评价和综合素质评价两大维度上价值判断基本范式的选择倾向上还存在差别，了解这种差别并尽力缩小这种认识上的差异有利于基本范式的选择和推广。因此，在

进行学生评价价值判断基本范式选择时，应注意广泛征询评价参与人员的意见和建议，通过多种渠道、多种方法，了解教师、学生及其他参与人员的态度意向，使学生评价价值判断基本范式的选择不仅科学，且能在一定程度满足参与人员的意愿，调动其参与积极性，使评价活动顺利开展。

2. 充分体现公平、实效的现代评价理念

以往的学生评价，在很大程度上强调的是"教育问责"，忽视学生的主体地位。现代教育评价不但强调评价的信度和效度，即评价的科学性；同时更加强调评价的实效性和公平性，即评价有没有取得实际的效果，有没有真正促进学生的发展以及对每位学生是否公平。在问卷调查及访谈中也有师生表示，不论选择哪种基本范式都应以促进学生发展为根本目的。

在学生评价价值判断基本范式选择中体现评价的公平性和实效性，就要在深入调查、了解教师及学生各种信息的基础上进行广泛研究和探讨，多方征询意见，确定并选择一种更具针对性和操作性的学生评价价值判断基本范式，从而使所选择的基本范式能真正为每位学生提供发展的空间，促进每位学生在原有的基础上得到进步和发展，体现评价的公平性和实效性。

3. 推行"渐进式"选择原则

"渐进式"选择原则就是指选择学生评价价值判断基本范式时，要注意其过程性，应结合实际步步推进、分类进行，不能盲目地跟进政策或效仿其他学校或地区。

我国学生评价价值判断基本范式的选择倾向上存在简单化现象。在倡导发展性评价时，各种以观察——理解范式为基本理念的具体评价方法应运而生，并得到大力提倡和运用，而在实施过程中对其他客观条件欠考虑，导致其流于形式，且增加了教师和学生的负担。学生评价价值判断两种基本范式都有其自身的优点与不足，功能也各不相同，无论选择哪种基本范式都要结合实际，"渐进式"推行，不能盲目摒弃某一种，否则同样不利于学生评价活动的开展。如美国圣塔克普兹大学分校，曾在 20 世纪 60 年代独树一帜地推行"评语衡量制"，即用一段文字描述来评价学生的表现，而不是给学生打分。试行一段时间后，该校教授团又以投票推翻了"评语衡量制"，决定重新回到传统的"分数制"。支持革除"评语衡量制"的教师认为，"评语衡量制"越来越流于形式，而且使学校吸引了不该吸引的懒惰的学生，疏远了应该吸引的勤奋上进的学生。

就学生评价价值判断基本范式选择操作来说，考虑到我国教育资源尤其是优质教育资源相对短缺的现状，应该在控制——量化范式的基础上逐步增加观察——理解范式的成分，循序渐进地进行两种基本范式的改革与探索，而不可能一蹴而就。此外，在进行学生评价价值判断基本范式的选择操作时，还应综合考虑地区实际情况、学生特点、评价本身的要求等，分层要求、分类推进、以点带面，切忌矫枉过正。

四、借助现代评价工具，实现两种基本范式的有机结合

现代评价工具是信息化社会的产物，它为学生评价活动的开展提供了一个良好的互动平台，同时也为两种价值判断基本范式的实施与结合提供了一个新的途径，教育应该紧跟时代的步伐，注重现代评价工具的运用和研究，以更好地发挥两种基本范式的功能并实现两者的有机结合。

1. 强化形成性评价，发挥观察——理解范式优势

在调查中了解到，部分学校已经开始使用现代化评价工具，如学生综合素质电子评价系统等，这种电子评价系统注重评价内容的多元化和评价方式的多样化，为学生的全面发展提供了一个全面客观的平台。

现代评价工具需要教师和学生的主动参与，需要阶段性地记录证明学生发展状况的一些信息，以记录学生的成长过程。这些信息的搜集需要除了学生本人记录自己某些行为表现外，更需要教师有意识地观察、收集并记录学生在思想品德、学业成就、身体健康等方面的日常行为表现，这个点滴积累的过程不但增强了师生间的沟通和了解，且在一定程度上强化了形成性评价，无形中发挥了观察——理解范式的优势。在我国现有的教育状况下，以选拔为目的的评价还将存在，而现代评价工具的这一优势不失为将观察——理解范式推广运用的好办法。

2. 通过"累积"手段实现学生评价的选拔功能

现代学生评价注重学生发展的过程性，学生评价价值判断基本范式的选择应该注意凸显这一特征。

就已有学生评价的理论及实践而言，现有的学生评价在很大程度上还是断层的，大多只偏重对学生某一时期的评价，较难反映学生整个历史发展轨迹，而学生历史发展轨迹对指导学生后继发展是非常重要的，探讨如何反映学生发展的历史轨迹具有重要意义。现代评价工具尤其是电子评价系统的开发和应用，在一定程度上满足了这一要求。这些评价工具注意不断收集学生发展过程中的各种信息，且具备容量大、易保存、便于、查阅等优点，因而在反映学生

发展轨迹上具有不可比拟的优势。因此，在进行学生评价价值判断基本范式选择时，应注意借助电子评价系统，实现两种基本范式有机结合的同时，更加完整地记录学生发展的轨迹，以期通过"累积"手段，保存学生发展的有关证明，在必要时更好地实现评价的选拔功能，并为学生的未来发展提供依据和方向。

3. 结合实际开发和利用学生综合素质电子评价系统

电子评价系统注重学生的个性发展和差异性，注重学生的参与，评价标准涉及广泛，评价过程注重观察——理解范式和控制——量化范式的结合，且操作性较强。因此，进行学生评价价值判断基本范式选择时，应注意借助现代化评价工具，充分利用并发挥现代评价工具的优势，实现两种基本范式的有机结合，更好地促进学生的全面发展。但是我国地域广阔，教育资源拥有情况及教育发展状况不均衡，因此各地应结合实际最大程度地发挥现代评价工具的优势。对于教育条件较好的地区或学校，在学生评价价值判断基本范式的选择时，可结合实际将已有的现代评价工具加以改造，使其更突出学校特色，符合本校或本地区实际情况；而对于条件相对较落后的地区或学校，应尽力使现代评价工具得以应用，以更好地实现控制——量化范式和观察——理解范式的结合。充分利用现代评价工具，有意识地开发或改进现代评价工具，有利于学生评价价值判断基本范式的选择和实施，也能在一定程度上更好地发挥基本范式的特点与优势，促进学生的全面发展。

第三节 美国高中学生学习评价系统探析

经过近 10 年的探索，我国基础教育在课程标准、教材、课堂教学等方面的改革都有很大突破，但关于学生学业评价方面，似乎并没有太大的变化。许多人将原因归结为高考，认为改变高考模式便可以从根本上解决问题。实际上，世界上大多数国家都有高考，而且非常严格，竞争也非常激烈，然而，相对于中国来说，有些国家（如美国）的高考对基础教育的"干扰作用"并没有那么大，它们的高考也没有成为中小学教学的"指挥棒"。

通过对美国俄亥俄、纽约、夏威夷等州 8 所高中的综合考察，美国基础教育特别是高中阶段教育建立了一整套的学生学习评价系统，比较全面、科学地对学生的学习过程与学习结果进行综合评价，而高考只是这个评价系统中的一个环节，并不能单一地决定学生未来的发展。我国此次课改所倡导的评价主体多元化、评价方式多样化、关注过程性评价等理念，在美国中学教育中已得到了较好的实施，并形成了一个完整而科学的评价系统。

一、美国高中学生学习评价的指导思想

美国高中学生从进入学校开始，每一项学习活动都将被评价。对学生的学习评价是多方面的。首先是测量与评价主体多元化：有学生、教师、学校、州、国家层面，还有研究机构、学会层面。其次是评价方式多样化：有家庭作业（homework）、课堂作业（glasswork）、项目活动（project）、写作（writing）、阅读（reading）、论文（essay）、实验（lab）、小测验（quiz）、单元测验（test）、学期考试（final exam）、毕业测试（graduation test）、美国大学入学考试（American College Testing，简称（ACT）、学术能力评估测试（Scholastic Assessment Test，简称 SAT）、大学预修课程考试（Advanced Placement，简称 AP）、双学分考试（dual credits test）等几十种不同方式。再次是关于学生成绩记录有多种形式：包括分数（scores）、点数（points）、等级（grades）、学分（credits）、平均积点分（Grade Point Average，下文简称为 GPA）、名次（rank in class）、原始分、相对分等。

这些评价方式方法看上去很多、很乱，但内部却又互相联系、相互贯通，最终综合评价出学生的学习状况和能力水平。最后是过程性评价的结果对学生升学、就业有直接影响。

不同的学校、学区、州会有不同的评价方案，即便是同一个学校的同一课程，教师的评价方案也不会相同，但仔细分析这些不同的评价方案，可以看到其中有共同的指导思想，即关注学生的每一个学习过程，不断调节，不断积累，最后形成对学生的综合评价。

（一）关注过程性评价

评价是为了促进学生学习，促进学生发展，而不是为了给学生排名次。为了保证每一个学生在学习过程中不掉队，美国高中特别重视过程性评价。这种评价贯穿在课堂教学过程的始终以及学生的每个活动、每次作业中，并能对于学习某个内容有困难的学生及时进行个别辅导，保证所有学生都能掌握最基本的内容。

（二）淡化终结性评价

终结性评价包括阶段性的测试、学期结束的考试（期末考试）

等。在美国高中学生的学业成绩综合评价中，与平时过程性评价成绩相比，期末考试成绩所占比重很小。笔者所考察的美国高中的期末考试成绩一般仅占总成绩的15%，这样，学生把平时学习抓住了，就不会因为期末考试的偶尔失败，导致对自己整体学习评价的不公正。即便是高校招生，也不仅仅只看高考成绩，学生的过程性评价，特别是与学生高中阶段学习过程紧密相关的"平均积点分"、"名次"都是考核与录取的重要依据。

（三）关注过程性评价与终结性评价的融合

在美国高中，没有绝对的终结性评价，也没有绝对的过程性评价。过程性评价与终结性评价两者始终是紧密联系在一起的。如果说每学期的期末考试是终结性评价，那么每个学期、学年、高中阶段的学生的评价便是过程性与终结性评价的融合。因为从学科课程角度看，每一门课程评价的"等级"是由平时各种考核的成绩与期末考试的成绩综合评定的。综合评价高中阶段学业成绩的"平均积点分"又是通过各门课程成绩来综合计算的，这样就杜绝了"一考（卷）定评价"的现象。这种评价，是对学生整个学习过程的综合评价，学生不可能靠投机取巧或者一时突击获得好的评价。

二、美国高中学生毕业要求

美国各州有独立的教育政策决定权，而且尽量将这种权利下放到各学区、学校。但从总体上看，每个州对于高中学生的最低毕业要求是有限定的。这些限定的核心内容为：一是对学校课程（学分）的基本要求；二是州毕业测试要求。只有达到州规定的最低学分要求、通过州毕业测试才能有资格申请高中毕业证书。

（一）美国高中学生毕业的学分要求

实际上，学分与课程是对应的，学分要求就是对课程的基本要求。美国高中课堂教学时间48～80分钟不等，平均标准课时约为50分钟，每天标准课时为6节左右，每学期18周，一学年2个学期。每门课程每周5课时左右（有时4课时或6课时），需要1学年的学习时间来学习某门课程，经过考核达到相应标准后，学生才能获得1学分。尽管各州所规定的学分要求有所差异，但总体而言，各州对最低的毕业资格（学分）要求具有一定的共性，即：加强基础课程的学习，以英语、数学、社会、科学为主要课程，这四科的学分所占比重较大（约占总数的60%）；加强学生的自主选择，许多州选修课程学分比重约为30%以上；重视体育与健康、艺术的教育（约占总数的10%）。

值得注意的是，许多州、学校只给出最低学分要求和必须要学习的内容要求。资料表明，目前美国各州高中毕业最低学分要求为20～24学分，以22学分居多。其中，必修课程要求为15～18学分，一般是英语（4学分）、数学（3～4学分）、社会（3～4学分）、科学（3～4学分）、健康（0.5学分），体育（0.5～2学分）、音乐/艺术（1学分）。其他未列出的课程，一般作为选修课程开设（每所高中都有数量繁多的选修课程）。

（二）通过州毕业测试

美国许多州都有高中毕业测试。虽然毕业测试内容、年级上有差异，但总体上包括英语、数学、科学、社会研究等高中阶段的基本课程。与国内的毕业考试或省级会考（学业水平考试）不同的是，这些考试不是简单的走过场，不是每个学生都能通过。这种考试关

系到学生能否毕业，实际上也是对学校教学质量的检测，类似于我
国高考，但又不像我国高考那样让学生、学校感到压力巨大。

三、学生成绩确定

美国高中学生学习评价有多种方式，这些评价如何进行？怎样
记录评价结果？对于 ACT、SAT、AP 等内容，我国教师比较熟悉，
下面主要介绍学校的过程性评价方法，这是美国高中学生学习评价
最复杂的内容。为了搞清楚这个问题，需要先弄清楚这些"成绩"
的内容与确定方法，之后，我们就能清楚地看到这些"成绩"实际
上是互相联系、统一的，能综合评价学生的学习水平和能力。

（一）怎样确定各门课程的成绩

各门课程成绩的评定方案因教师而异，但相对而言，一门课程
的评定方案是基本相同的。在学生平时学习过程中，教师会采取各
种方法评价学生学习结果。为了便于计算、统计，平时及期末考试
一般是先按百分制记分，然后按学校或地方标准划定学生的成绩等
级。有的教师会先采取点数（points）记分，然后按百分比折合成百
分制，最后按标准划定学生的成绩等级。

课程学习成绩评定方案是学生成绩评定过程中最重要、最核心
的内容，既体现出教师、学校的教育理念与智慧，也体现出对学生
过程性与终结性评价的科学性，每个教师都有自己的评定方法。对
美国 20 位教师（英语 3 人，数学 4 人，社会 3 人，科学 4 人，艺术
2 人，职业选修 4 人）的调查发现，即便是同一门课程教师的评分方
案也各不相同，但总体而言教师对学生学习评价的共同特征是：平
时过程性评价的成绩所占比重较大，而终结评价（期末考试）所占
比重较小。例如，一位高中"社会研究"教师的评分方案为：课堂

表现（in class）10%，项目活动（project）25%，单元测验（test）15%，小测验（quiz）20%，家庭作业（homework）10%，笔记与讲义夹（portfolio）5%，期末考试（final exam）15%。其中每项内容又包含许多细目。例如，家庭作业（homework）就包括：阅读回答问题（reading answer question），从书中提出问题（problem from books），写小论文（write paper），课堂上的小练习（small exercise in class）等。

（二）怎样确定学生的等级

各门课程学习成绩按上述思路折成百分制，然后按学校规定的评分标准确定学生的等级（A、B、C、D、F）。这个标准视学校情况而定，例如，Glenoak 高中的评价标准为：A：100～92 分；B：91～82 分；D：91～82 分；C：81～70 分；D：69～60 分；F：59 分以下。不参加学期考试，视为 F 等级。

（三）怎样确定学生的学分

根据学生平时成绩和学期考试成绩，计算出每门课程的分数后，按照上面的标准，即可得到该门课程的等级。等级为 A、B、C、D 者都可以获得规定的学分（个别学校要求在 D 以上才能获得学分），等级为 F 者没有学分。没有获得学分的学生，新学年同样升入新的年级学习，但必须继续修原来的课程，即重新学习此门课程，有的学生会在同届学生毕业后继续补未通过的课程。

（四）怎样确定平均积点分与名次

美国高中学生的档案成绩最后记录有"平均积点分"（UPA）与"名次"（rank in class），学校给高等学校的学生成绩记录要有学生高中阶段的"平均积点分"和"名次"。

（五）怎样获得高校学分

美国高中采取学分制，有些课程的学分可以获得绝大多数高校认可，这些学分可以直接计入大学学分，从而为学生省去许多时间和金钱（一般地说，1个学分300美元，国际生800~900美元）。

美国高中的学分分为高中学分（H. S. Credit）和双学分（dual credit，即 H S. Credit 和 College Credit，是高中与大学同时承认的学分）。获得大学学分（College Credit）是很困难的，一个学校可能只有英语、数学两个学科可以获得各1个大学学分。而双学分班级的教师要经过大学的特殊培训、严格考核才能获得教学资格。双学分课程的考试由高校和中学共同商定，高校要派代表观察、监督。双学分课程考核合格后，在获得高中学分的同时，将在一定区域（州或联合高校群）内得到高校承认，直接获得相应课程的学分。

在高中有大量的 AP（advanced placement）课程。AP 课程可以为学生申请高校提供学术课程参考，同时根据 AP 成绩，有关高校可以承认部分学分，不同高校有不同的要求（同样的分数在一些高校可以免学分，在另一些高校可能不免学分）。

（六）美国高校怎样录取新生

在美国，高校录取新生要参考多方面因素，高考成绩只是其中的一个部分。查阅2010年美国2100所四年制大学（学院）录取资料，关于学生学习成绩记录这一项要考查五个内容：（1）学分与课程；（2）高中毕业测试成绩；（3）高中阶段的 UPA（说明学生在高中阶段的学习情况，全国具有可比性）和"名次"（学生在学校的排名情况）；（4）高考成绩（ACT，SAT）；（5）其他课程学习成绩（如 AP 课程、选修课程等）。许多学校还要有自我介绍、两位教师的推荐、面试、社会活动记录等。有了上述材料，高校就能科学有效地根据学校要求和学生学业表现选择录取学生。

四、思考与建议

本轮课程改革以来，我国基础教育界对学生学习评价问题进行了认真的反思与梳理，许多问题得到有效解决，在评价主体、评价方式等方面，理念发生了很大的转变，但目前在实践中还没有看到本质的改变，其主要原因在于：（1）没有形成一个整体的评价系统；（2）过程性评价结果没有发挥应有的作用（在毕业、升学、就业等方面）；（3）过程性评价与终结性评价脱节；（4）学校评价缺少合理的监控，诚信度差；（5）高校招生考查依据单一。参考美国高中学生学习评价方法，对我国高中学生学习评价改革建议如下。

（一）加强学校整体的学习评价体系建设

我国普通高中应加强学校整体学习评价体系建设。所谓整体的学习评价体系建设，主要指加强学生学习的过程性评价，将过程性评价与终结性评价有机地融合起来，使学生的每一个学习活动在整个评价中都得到体现，而不是简单依赖最后的高考成绩作为唯一评价依据。要强调综合评价，淡化终结性考试的作用。

（二）加强省级教育行政部门对高中毕业资格的认定

省级教育行政部门可以依据国家整体教学计划、学科课程标准，制定本省的学生学习要求（特别是核心课程），将原来的高中学业水平考试、毕业会考等改为统一的高中毕业测试，设定高中毕业测试过关资格线，以保证所有学生达到最基本的高中教育要求。

（三）适度增加学生的选择空间

我国普通高级中学应适度增加学生的选择空间，满足学有余力的学生或者对一些学科有特别兴趣的学生的学习要求。可以在英语、数学、计算机等学科，设置国家层面的等级性考试（由教育部考试中心负责），允许高中学生通过系统学习后，参加相关考试，达到与大学要求相当水平后，可以获取少量的大学学分或免试入学。同时，完善选修课程的开设与评价工作，鼓励学生选修更多的课程。

（四）改革高校招生考试方法与录取方法

应尽快改革高校招生考试方法与录取方法，改变目前高校招生一考定终生、高校录取仅依赖于高考成绩的方法，将学校的过程性评价纳入高校录取过程中。

一是改变高考方式，增加考试次数。目前的一次性高考，对学生来说，其风险与压力太大，应当增加高考的次数，并增加考试的类别，如重点大学联合考试，以满足部分高校自主录取的需要。

二是增加高校录取参考依据，高考成绩所占比重应当适度。高校录取要综合考察学生的学分、学生高中阶段成绩记录、平均积点分、学校排名、省毕业测试成绩、高考成绩等，这样，才能全面综合考察学生的学业水平与能力，减少高考对中学的"指挥棒"作用，使普通高中能摆脱束缚进行正常的教育、教学工作，使学生在基础教育阶段得到全面发展。

第七章　新时代的尝试

第一节　网络学习下的学生评价概述

一、网络学习评价概述

1. 网络学习的内涵与特点

从心理学的角度看，学习是指学习者在一定条件下，由经验或练习引起的个体在能力或倾向方面的持久变化及其获得这种变化的过程。这些变化不是因成熟、疾病或药物引起的，而且也不一定表现出外显的行为。从这一定义出发，要探究学习的本质，就要分析学习主体、学习条件、学习结果及学习过程四个要素。从学习的主体来分，学习可以分为三个层次：第一层是最广的学习，指有机体在后天获得经验的过程，包括人和动物的学习。第二层次指人类的学习，使人自觉、主动地掌握社会历史经验和积累个体经验的过程。第三层次指学生的学习，是学生在教师的指导下有目的、有计划、有系统地学习知识和技能，促进身心全面发展的过程。

这里所说的网络学习是指人们通过电脑互联网络而进行的学习活动，是指学习者在网络环境下，由经验或练习引起的个体在能力或倾向方面的持久变化及其获得这种变化的过程。这是一种心理学的理解。从学习主体来看，网络学习的主体只能是人，因此，网络学习可以分为两个层次。第一层次范指人类通过网络的学习活动。第二层次特指学生通过网络的学习活动。在这里讨论网络学习兼顾了这两个层次。从学习结果来看，网络学习同样要引起"个体在能力或倾向方面的持久变化"，未能产生这种变化的则称不上学习。所以，不是所有的网络活动都属于学习。尽管网络学习和传统学习的结果都是个体在能力或倾向方面的持久变化，但是两者可能会有一些本质的不同。究竟有那些不同，还缺乏相应的实证资料，这无疑是一个很值得探索的领域。从学习过程来看，网络学习是人们通过网络时间和网络交往，自觉主动地获得经验、促进身心发展的过程。这一过程，需要主体积极主动的认知操作来完成。从学习条件看，网络学习既需要学习者内部条件，如动机、认知技能、学习策略等，又非常注重提供外部条件，如丰富的信息资源、变革性的学习环境。

有人认为，"网络从其本质上来说，是开放的概念，不需要作严密的定义，而在内涵上，却可以从四个方面去认识：网络作为学习的工具；网络作为学习的对象；网络作为学习的资源；网络作为学习的环境。"但是，要正确地理解网络学习，必须比较它同传统学习、如书本学习的异同。和传统学习相比，"网络作为学习的工具；网络作为学习的对象；网络作为学习的资源"并没有根本性变革，所不同的只是网络具有更高的信息容量，具有更复杂的技术操作。发生根本性变革的是网络学习提供的环境，正是这种变革性的学习环境，使网络学习成为一种新的学习方式，呈现如下的一些新特征。

（1）开放性。网络环境具有跨地域性和广泛参与性，使网络学习在整体上呈现开放性特征。网络中的任何人都可以根据自己的意愿，与世界各地任何联网的人联络，自由访问各种信息资源；网络空间中的不同主题的电子公告牌、新闻组和电子论坛，向任何感兴趣的人开放，任何观点、任何思想都可以在这里找到自己的位置。网络广泛的覆盖范围和实时的交互能力，使学习者完全不受时间、地域和资格的限制就可进入学习。

（2）平等性。网络环境倡导一种平等的价值观，淡化学习者的身份意识，日常生活中的身份、等级和权力在网络社会中均失去了它以往的作用。在网络中，每个人的主体性都会得到应有的尊重，都可以和别人一样享用各种信息和资源，每个人都有充分参与的机会和自由选择的权利，可以向任何人请教，而自己也可以成为他人的老师。

（3）虚拟性。网络空间是一个和物理空间相对立的虚拟空间，使网络学习不可避免地具有虚拟性。迅速崛起的虚拟现实技术从根本上改变了人们对传统学习环境的认识，取而代之的是虚拟学校、虚拟教师、虚拟图书馆、虚拟实验、虚拟研讨、虚拟教学、虚拟辅导……在网络空间中，甚至连自我都是虚拟的。

（4）交互性。网络环境体现了高度的互动性，每个人不仅是信息资源的享有者，而且是信息资源的生产者和提供者。人们可以通过网络实现实时的情感交流和信息交换，从而产生某种交互效应或共生效应。

（5）自主性。学习者可以根据自己的实际水平和兴趣需要，选择适当的学习内容与形式，可以根据自己的意愿决定学与不学、学什么和怎么学，可以自己决定学习的步骤和进展，最大程度地体现了自主性，是一种个性化的学习。学习者是信息加工的主体，是知识的主动建构者，而不是外部刺激的被动接受和被灌输的对象。

二、影响学生网络学习的因素

正是由于网络学习具有与传统学习不同的特点，因此影响学生网络学习的因素也就不同，归纳起来主要有以下几点：

1. 网络教学的特点

网络教学是一种以"时空分离、师生分离、教管分离"为主要特征的教学模式。"师生分离"和"教管分离"所带来的教师角色的淡化必然带来教学管理的弱化，使得网络教学过于依赖学生的主动参与和学生自我管理的能力。授课教师不能随时了解学生的心智变化和学习动态，不能给予学生及时的指导，因此网络教学对于自控能力低的学生是低效率的。加上网上信息良莠不齐，网络学习很容易造成学生的"信息迷航"，无法专心学习，从而影响学习质量。

2. 学生自身的修养

（1）学生的学习能力

与课堂教学环境相比，网络学习中学生最大的不同是具有很大的自主性，他们可以自己选择何时、何地、以何种方式来学习，具有极大的自由度。但同时对学生的要求也更高了。要想在网络学习中取得成功，学生必须学会学习，懂得一些基本的学习技巧，例如合理安排学习时间，恰当制定学习目标和进行自我评价，以及有效地使用软件，进行网络搜索，利用通讯方式如电子邮件、公告板等等。而在我国长期应试教育中培养出来的很多学生已经习惯了"教师讲，学生听"的模式，往往缺乏积极的探究精神，缺乏主动交往的意识和行为能力，因而在丰富的网络资源前面显得不知所措，感到无从下手。

（2）学生的学习动机

在传统的教学中，学生的学习动机主要是由教师在课堂教学中激发。而网络教学中学习动机的激发因素要复杂得多，有来自教师的指导，有来自伙伴的沟通和影响，也有网上信息的诱导等等。学生的选择多了，动机也就不那么纯了，有的学生参加网络学习仅仅是因为这种学习方式比较自由，不用受传统教学的某些束缚，而不是真正对课程本身感兴趣。

（3）学生的自律水平

网上有丰富的学习资源，但是也有许许多多的诱惑。根据第七次《中国互连网络发展状况统计报告》指出，我国现有的网民中，无收入学生占16.35%，其中有60.7%的人是在网上玩游戏，34.1%的人找朋友聊天。许多水平不高的学生是很难在没有教学管理环境下高质量地完成作业的。

3. 个性化学习与合作交流之间的关系

网络面前人人平等，每个人都可以享受到网络所带来的强大的功能和丰富的资源。浩瀚的网络世界改变着学习的概念，公平、公开的网络环境，使个体化学习成为可能，每个人都可以选择自己最感兴趣的话题、最擅长的方式进行学习，学生的个性、爱好在网络学习中得到了淋漓尽致的发挥。但是学生专注于个人的实践操作和学习体验，过多强调学生的个体学习，将导致学生知识结构的欠缺，师生感情交流的欠缺，心理情感障碍等。

网络的实质是资源共享，我们在强调个体化学习的同时，应重视开展师生、学生之间的广泛交流与合作：

第一，应重视师生交流。教师可以将自己学生的进步情况、相关的教学资源连接在一起，大家彼此分享心得、分享知识、促进了解、增强理解。教师和学生的交流也可以基于主题展开。教师或学生提出研究探讨的主题，然后由教师充当引导、帮助者的角色，将学生对该主题的一些认识、查找的相关资料整合在一起，供所有人来分享，并将对该主题的讨论引向深入。

第二，应重视学伴交流。学生可以将其所思所想、所见所得记录在一起，让同学来分享交流。

第三，要重视成果的展示汇报。学生要懂得运用合适的技术，恰当地表达自己观点，在交流中发现自己的不足，在交流中促进对问题的更深层次的思考，在交流中与同学分享学习的成果和学习的快乐，提升学习的价值。

在网络学习中，尽管学生具有很大的自主性，但是伴随着这种自主性的是责任感，学生必须具有动机和自律等素质才能完成学习，否则很难适应网络课程的学习模式。人们从事生产劳动和科学实验，进行技术革新和发明创造等活动能否取得成功并不单纯有智力因素决定，还与每个人的个性品质（非智力因素）相关联。同样网络学习能否成功也与非智力因素有关，非智力因素是人格因素的重要部分。

现在对天才的定义不再仅仅是智商超过120，而是由超过中等水平的智力、高度的责任感和创造力等三类基本品质组成的。学生应在这几方面加强修养，以适应网络学习。全国政协委员、教育部原副部长韦钰，在谈到"今日中国需要怎样的好学生"时就曾指出，"一个好学生要热爱学习、要有学习的习惯、要有学习的兴趣和能力；要能正确控制自己的情绪；要懂得分享别人的快乐和忧愁，知道如何跟别人交往。"良好的情绪控制能力使学生正确对待自己的各种情绪。成功的时候不会得意忘形，挫折的时候不会一蹶不振。良好的自身素质还能帮助学生分担别人的痛苦，分享别人的喜悦，知道如何跟别人合作。

三、网络学习中学习者应具备的能力

网络教育作为一种新型的教育方式，虽然具备各种好处，但前提条件是学习者要能参与进网络学习中，并且要具备网络学习所需要的各种能力。在网络教育中，学生除了要具备日常生活中的各种能力外，最重要的是具备一定的学习能力。与传统的课堂学习相比，这些学习能力除了具备一定的基本技能（如听、读、写、推理、陈述、归纳等）外，至少还要具备以下的各种学习能力：

1. 运用信息工具及网络功能的能力

学习者要能灵活运用计算机信息处理软件和网络通信软件，并能熟练掌握网络的基本服务功能。网络的基本服务功能是人间的信息交互服务与获取和分享信息的服务。

2. 主动获取与善于处理信息的能力

学习者要有敏锐的信息意识，要能根据自己的学习目的去发现信息，在众多信息中选择和鉴别自己所需要的信息。在网络中获取信息不仅有技术方面的问题，也有方法论问题。学习者要学会选择合适的搜索引擎以及评价筛选信息的方法。

3. 交流和协作能力

在网上学习中，更加强调协作式学习，实现协作式学习其中一个最基本的要求就是具有一定的交流能力，除了自身的素质外，掌握一定的工具有利于交流能力的培养，如：电子邮件、QQ、视频会议、网上电话等。而这些交流会更有利于生生与师生协作活动的开展，培养学生的团队精神。

4. 自我管理学习的能力

自我管理强调学习者自己设计、评价、控制和指导学习过程，也就是学习者自己管理学习的过程，并对学习过程的每个环节负责任。

自我管理学习首先强调自主学习，因为网络提供给每个人同等的学习机会和学习资源，学习者必须根据自己的认知特点、学习风格、面临的学习任务，主动的选择适合自己的学习目标、学习方式和学习内容，在探索和学习中发现事物变化的因果关系和内在联系；其次强调元认知。所谓元认知，又称反省认知，即个体对自己的认知过程进行监控、调节、评估和改进等。认知的目的是为了进步，而元认知的目的是为了监控这种进步。

自我管理学习的能力是网络化学习者必备的条件，因为只有具备这种能力，学习者才能面对瞬息万变的信息化社会，坚定自己的学习目标，调整自己的学习策略，使自己终身不断地学习。

5. 具备求善的科学精神

学习者在网络环境中学习，会接触到各种各样不同的观点，面对与自己人生观、价值观相悖的理论如何保持求真求实的科学态度，批判地加以吸收，是信息化社会中每个人都应具备的基本素养。求善的科学精神，包括求真求实，追求真理和理性的怀疑等内容。只有具备求善的科学精神，学习者才能对所接触的东西理性地怀疑，理性地批判，从而保持自己清醒的头脑，坚定自己的理想和信念。

学习者只有具备了这些能力才有可能使网络学习得以顺利地进行，并且取得学习上的成功。

第二节　网络学习评价

在网络学习中，教师怎样才能了解学生的学习情况以便更好地组织网上教学？而学生又如何知道自己掌握知识的情况以便调整自己的学习计划和学习方式？这需要借助于学习评价。所谓学习评价是指根据教学目标，收集在网络环境中的学生学习过程的客观资料、信息和数据，对学生的学习态度、学习行为和学习结果进行科学的量化分析，并做出价值判断的过程，其目的不仅仅是限于鉴别，也包括发展性。学习评价是网络学习过程中的关键问题，它决定着网络学习的质量。

一、网络学习评价的理论基础及其价值取向

1. 网络学习评价的理论基础

美国著名学者泰勒曾说过，教育评价的过程就是教育评价的结果相对于教育目标的实现程度。因此，作为教育评价子范畴的网络教学的学习评价的依据也应该是网络教学的学习目标。由于网络教学的学习目标一般是在教育价值观的指导下确定的，所以，网络教学的学习评价也自然要以现代教育价值观作为其理论基础。因此，网络教学的学习评价的理论基础应主要包括现代教学观、现代学习观和现代学生观。

（1）现代教学观。现代教学观强调学习过程是师生交流信息的互动过程。坚持学习者是教学过程的主体，重视发挥学习者学习的主体作用，教师的职责是组织、指导、协调学习者的学习。在指导和组织学习者学习的过程中充分调动学习者学习的积极性，激发学习者学习的内在动机，培养学习兴趣。现代教学观还强调教学不仅在于传授知识，它应使学生在认知、情感、动作技能等方面都得到发展。在网络教学的学习评价过程当中，学习者应该作为评价的核心对象加以考察，同时还要考虑把能够激发学习者学习兴趣的网络教学的学习内容，作为网络教学的学习评价的重要内容。

（2）现代学习观。学习不是被动接受信息刺激的过程，而是主动地建构知识的过程。学习者需要根据自己的知识背景，对外部信息进行自动选择、加工和处理，从而获得知识。现今更多的学生通过网络来学习，课堂转为网络空间的虚拟模式。这种新的学习模式中，很少有教师的直接参与，整个学习是处于一种相对独立的状态。或者说，以过去教师和学生之间的分享，转变为以学生之间的分享为主。简而言之，即形成一种分享式的学习模式。在这种学习模式下，对教师的依赖将更少，更需要学生自主的完成知识建构。

（3）现代学生观。现代学生观是将学生当作学习活动的主体，而不是被动地灌输知识的容器。长期以来，我们的教育力图培养出整齐划一、统一模式的人才，这一教育目的始终未能实现，事实上也无法实现。况且社会对人才的需求也是多方面、多层次和多类别的，抹煞人的个性发展完全没有必要，实践证明是得不偿失的。现代学生观还强调每一个学生都能成才，都能得到充分的和谐的发展。当前，学生和谐发展可以用三个算术式子表示："全面加个性"，也就是全面发展加个性特长。"智商加情商"，即不仅有较高的智商，又有较高的情商。"人脑加电脑"，既善于用脑，能将抽象思维和形象思维协调发展，又会熟练地操作电脑，用电脑来改进自己的学习。

网络教学的学习目标中不仅有学生知识、能力方面的要求，还要求信息素养方面的内容。

2. 网络学习评价的价值取向

确定学习评价的价值趋向是进行有效的网络学习评价的第一步，学习评价的价值取向与教育目标、教育价值密切相关，其价值取向的不同将决定学习评价标准、评价指标体系的编制。网络教学的学习评价以现代教育思想为指导，其价值取向呈现以下特征。

（1）重视对学生学习过程的评价

网络教学是以学生自主学习为主，强调学生认知主体的作用，学生处于整个教学过程的主体地位，是信息的加工体和意义的主动建构者，而不是外部刺激的被动接受者和被灌输的对象。要想取得网络学习的成功，网络大学生必须具备比其他学生更强的独立自主性、统筹规划的能力、锲而不舍的精神，以及探索问题、独立解决问题的能力。而据相关的研究和调查，我国的学生在整体上呈现出"缺乏独立性、缺乏自主意识、自我控制能力较低"的特征，普遍对网络学习方式不适应，长此以往，导致自信程度降低，对新环境下的学习产生畏惧。这就需要我们根据学生在学习活动中的各种行为和表现，对其学习过程、学习效果等方面做出相应的评价，以此给学生提供包括计划、调节、约束、暗示、指引、激励和促进方面的学习支持。

（2）重视对所学知识应用的评价

在传统教学的学习中，由于学习环境的限制，学生对所学知识、技能的应用更多地停留在理解层面上。借助网络环境，学生能够对某一问题进行深入全面的探讨，将学到的基本知识、基本技能应用到实际问题的提出和解决中去。网络教学的学习评价重视对学生知识应用的评价。关注学生在问题解决中的知识理解程度、知识应用水平以及对知识价值的反思，目的是提高学生的自主探索、主动创新能力。它可以通过面向过程的研究成果、论文、作品、制作等方面的评审，综合对学生的诸如学习方式、思维方式、知识整理与综合、信息资料的收集、处理和判断能力的评估，鼓励学习者找出所学东西的实际意义，并提倡学习者创造性地应用信息和知识。

(3) 重视学生的自我评价和学生互评

在传统教学中，学习评价主要是由教师做出的。这种自上而下的单向评价不能全面、综合地反映学生的发展程度，不利于学生自我评价能力的发展，也不利于学生主题意识的培养和发展。

网络教学的学习评价中除了教师对学生学习过程及其结果进行评价外，还重视学生的自我评价和学生互评，使学生充分认识自己的长处和不足，发展学生的自我意识，促进学生个性健康发展。而学生之间的相互评价则使学生可以进行横向比较，确定自己学习的优势和不足。

(4) 注重对学生的定性评价

传统学习侧重于学生掌握知识的数量和程度，经常运用诸如练习、测验、考试等定性方法收集学生的数据，然后利用数理统计、多元分析数学方法进行处理，提出结论。

网络教学的学习不仅重视学生科学知识的积累，更加强调学生学习能力的培养，包括学习动机、兴趣、认知策略方式等非智力因素的激发、维持与培养。因而体现学生情况的信息就难以用精确的数字信息加以表示，而需要利用描述性的语言对其做定性的评价。这种定性评价可以利用丰富的语言对学生的学习过程和学习结果进行评述，有利于充分对学生的人文关怀，也有利于积极发挥学生的非智力因素，从而指导学生全面发展。

（5）注重评价方式的多元性

每一个学生的认知结构、认知方式、个性特征等不同，因此在学习过程中，其认知世界的智力方式就不同，表现在语言、数理逻辑、视觉空间、身体动作、音乐、人际和自我等几个方面的不同发展状况。传统的学习评价用统一的方式对学生进行评价，强调学生学习和思维方式的统一性，这显然掩盖了学生认知方式的独特性、不足以客观公正地对学生做出评价。

网络教学的学习尊重学生的个体差异，承认学习个体的独立性。因此，其评价也致力于学生的整体性评价，运用除测试之外的多元化评价方式，如观察聊天室学生的发言；记录学生在论坛中提出问题和解决问题的次数和质量；对电子作品、网络笔记记录、自我报告等进行评价，给学生以弹化、人性化的发展空间。这将有利于学生个体性特长的发挥，并在学习过程中产生积极的情感，进而带动学生其他各方面的全面发展。

二、网络学习的特征及其相应的评价要求

网络学习评价是以学生为中心来研究其学习的背景、手段、方法及取得的效果，从而寻求适合学生的学习方式或是考察学生学习质量。网络教学中的学习呈现以下特点：

1．个别化学习

网络教学学习的最大的特点在于极大的支持个别化学习。在网络教学的学习中，学生可以任意调用各种学习资源，自我设计学习进度直至达到学习目的。那么，根据个别化教学的思想，对于学生而言，提供基于学习目标的评价标准以及在此基础上频繁的连续的学习评价（形成性评价）是学生学习流畅进行的必要保证。学生通过学习目标不断的观察和解释自己的学习过程，通过不断的问题、阶段性的测验或考评而把握自己的学习情况，以做出进度调整等措施。

这种评价方式很大程度上又依赖于学生自主实施，而进行网络教学的学习的前提是学生能够自我控制，具备基本的自我管理能力。自我控制的学生必须能够判断自己的成绩，他们将不再奢望也不可能如传统教学那样依赖于外部反馈（教师评价），而需要最恰当的利用获得反馈的机会，加强自我评价。很多研究表明，学习者自我评价能够发挥学生的积极性和创造性；建构主义也强调学习者的自我评价和自我反思，认为学习过程和结果的最佳评价者是学习者自己；而网络教学的学习个别化、自主性和独立性特征又增加了自我评价事实的可能性和必要性。

2. 协作化学习

网络教学的学习同样支持协作，因为网络环境为学生提供了无限的交流空间。学生通过协作化交流、协商和合作，进行思维的碰撞，有助于他们用多重的观念来理解知识、思考问题。很多研究者指出，协作学习提高了形成性学习的机会。学习同伴之间的交互作用在激发竞争意识和相互帮助、互为补充方面的作用是十分明显的。此外，在学习同伴的交互中还有一个细节需要被强调，这就是他们之间的相互评价作用，有宏观和具体之分。宏观的评价经常用来说明某个体在群体中的相对价值意义，比方说学习态度如何，学习成绩如何，有哪些显著特色等等，具体的评价则表现为同学之间对学习过程的相互观察和测验。在传统的学校教学活动中，这种形式的评价机会较少。比方说，作业展出、试卷展出等等。但是在网络环境下就完全不同，教师可以要求所有的同学将作业贴到网上指定位置，即使教师没有时间去仔细批改这些作业，公开张贴的作业同样要经受同学们之间的相互检验。这种方式必然会强调学生对作业完成质量的责任心，又使得学生有更多的机会去评判他人，给他人提出帮助性的反馈意见，这些累积的意见将作为对学生学习情况进行评价的参考。因此，在网络教学的学习中还存在一个评判者群体——学习同伴，网络教学的学习要求学习者之间能够实现比较严肃、客观、负责任的互相评价。

3. 非结构化学习

在网络环境中，学生面临着的是一个近似真实的虚拟时空。网络媒体超文本结构的基本构架，决定了网络教学的学习环境将给学生提供大量非结构化的情景，当然这也一直是网络教学的学习的招牌之一；现实生活是非结构化的，教育的最终目的是让学生成为一个主动的探索者，一个训练有素的思考者，一个面对现实游刃有余的人。在网络教学的学习中可以通过直接的或间接的非结构化的任务，促使学生在非结构化的情境中得到锻炼和学习，如查阅某方面的资料，与别人合作完成某个项目，在完成项目中也许又涉及到资料查询、询问专家、沟通合作关系等。那么，对于学生这样的非结构化的学习的评定，就不是传统标准化测验所能及的。因此，在网络教学的学习中，非结构化的任务和多元化的评价方式对于评价学生的学习结果是重要的。而且网络环境本身也提供了实施多元评价技术的可能，各种交流工具、协作工具、发表工具以及快速地反馈、虚拟现实技术等等都向着支持多元评价的方向发展。

4．交互式学习

网络教学的学习是一种交互学习，超媒体的学习环境鼓励学生探索和交互，或者采用人工智能技术构造一个微观世界，从学生在探索和解决问题的过程中，考察学生高层次能力，如判断、分析、创造等，因此这类学习评价的焦点则放在对学生学习行为的自动捕捉和分析上，涉及学生的学习方式、多元认知和动机的评估，而传统评价中则涉及较少。支持者认为，"自动记录、监控学生的学习行为，可能会获得一些意想不到的评价学生的机会"。

5．通过媒介技术而学习

正如网络教学的学习所宣扬的"只要有一个PC终端和一个Modem及一根电话线，你就能享受到世界一流大学的优等教育"，网络教学的学习是通过网络和计算机这样的媒介而进行的。因为媒介的介入，师生相对分离，对学生的各种表现的评定就不可能像面授那样直接、连续、准确、灵活、客观和全面。对网络教学的学习评价常常有这样的质疑：想象力、创造性等高级思维通过网络能测评出来吗？网络评价能够客观、真实、全面吗？归结起来无非是这样一个问题：网络教学的学习评价的人文性能走多远？

所谓评价的人文性，是指不仅仅评价知识的获取程度（目标导向），评价要从多个侧面进行，要评价应用、分析、综合、创造性思维等高层次的智力因素，以及兴趣、态度、情感等方面的非智力因素。评价的方式不仅是量的、标准化的，还需结合使用一些质的方法。总之，人文性的评价应该将学生看作一个全面发展的人，尽可能客观真实的评价学生的学业成绩和能力品质。

面授教学中的学习评价的人文性尚不能保证，网络教学的学习中的评价因为媒介的障碍更加难以操作。网络教学的学习评价的人文性很大程度上取决于网络本身的人文性。目前正在研制的网上自动测评系统、考试系统、评价模块等大多只是停留在测量的评价层次，表现为以记忆为中心，采用大量的客观测试题，反馈及时。在追求人文性的方面，有的评价系统开始尝试使用非量化评价（调查问卷），自动答疑系统、专家库、学生电子档案、自适应学习系统等研究也正在进行当中，都在向着一种数字化与人性化融合的方向发展。

二、网络学习评价的意义和功能

学习评价的意义何在？我们可能已经忘记了它的最初意义。传统教学中，因为学习评价的意义偏离了其真正意义而备受抨击。而在网络教学中，学习评价的真正意义反而有望得到回归。

1. 评价在于调节学习者学习行为

评价的最初意义在于学习诊断、查漏补缺，从而调节学习者学习行为（调整学习进度、增加学习付出、改进学习方法等）。传统教学中，评价基本上是"划分等级、贴上标签"前奏，对分数的过分看重使评价的关注点更多地放在学习结果而不是学习过程。网络教学的学习中，对学习者更有意义的是切实学到了什么，还存在什么问题。因此，评价必然要求是过程性的，而非结果性的。网络教学的学习评价应强调对学生学习的诊断和分析功能，帮助学生改进学习过程，促进学生的全面发展，弱化评价的选拔与甄别功能。有时，在线的评价结果也许是失真的（作弊、替考问题），那么，与其研究减少作弊问题，还不如减弱学习评价的结果指出，加强其过程指向。从这个意义上说，评价也就不是简单的测量工具和平定的工具，而应该成为学习支持工具之一种，引导那些自我控制的学习者来思考和监控自己的学习过程。当前教育改革的重要目标之一是关注学生学习，注重引导学生以适应自己的方式学习，网络上的学习评价恰好可以较好地做到这一点。

2. 评价在于对学习进行监控

评价作为一种外部手段能够通过某种规定、提示、约束等对学习产生监控作用，能够激发学生的学习动机，促使学生持续学习下去。评价的学习监控意义在学校教育中常常不被注意，因为，学校教育中对学生的学习监控一般由教师角色来完成，教师的角色对学生面对面的学生的威慑力是强大无比的，师生关系实际上已经超出了教学的范围，教师对学生的学习过程的各个方面都施加了不同程度的影响。例如，教师对学生而言是一种计划的安排者和控制者，学生在教师的关注（激励或者批评）中感受到一种学习约束或者暗示、激励。而在网络教学的学习中，师生时空相对分离，没有了教师对学生面对面的实时监控或权威辐射，学习得以进行完全依赖学生的学习动机、自主意识，这对学生本身的素质提出了很高的要求。"仅凭自己的判断和内在的热情，是难以持续地学习下去的，至少对于大多数人来说是这样。就英国开放大学而言，成功是建筑在有较高学习动力和较好学历背景的那部分学生身上。对于学历背景较差、动力不足以及社会处境不佳的学生群体，成功率远不能说满意。因此，网络教学的学习中要相对加大学习评价，力主发挥其学习监控意义。基于对学生学习活动的跟踪、评价、反馈、指导，既精确地把握学生的学习状态，又通过客观和积极的反馈信息对学生学习进行引导（或智能授导）以促进学习，在动态的学习质量把握中不断地推进学习质量，这是网络教学的学习评价的过程，事实上也同时完成了学习监控。从这个意义上说，网络教学的学习评价的功能将完全可以体现为"交互学习系统中的监控者"。

3. 评价在于学习指导和持续促进

这一点是所有学习评价的主要意义和价值所在。学习评价的最终目的在于对学习产生积极的促进性影响，更好地根据用户的需要制订教学，该教学应能根据需要和情况的变化不断地修改和提炼自己的策略，以便使学习者获得持续的进步。评价的人文性正是体现于此，亦即评价应不止于提供结果判定，而应能促使学生发生某种积极改变；评价是促进性的、发展性的。后现代的评价观也认为，评价应成为共同背景之中的以转变为目的的协调过程。在网络教学的学习中同样需要体现。个别化学习中的学习者需要课程及教学不断做出调整，获得个别化的学习指导，这必然依据学习评价信息。在传统的学校教育中，这种评价意义的体现是通过教师来完成的，在网络教学中，调整和学习指导都可以借助计算机的智能性和自适应进行，这正是一个智能化的学习技术系统（智能授导系统）所着力追求的。它要实现如下功能：学习监测；学习诊断；学习督促、控制；学习提示和建议；学习帮助等等，而其基础前提必然是学习监测和评价。因此，网络教学的学习评价将部分呈现自适应指导者（智能导师）的功能。

4. 评价在于测量和统计

当然学习评价的意义还在于"测量"学生、评定学生，但是，考虑到网络教学的学习的特点，网络教学的学习评价的测量结果仅对学习者本人有意义，也只有这样才能使这种测量变得真实、客观。因此，网络教学的学习评价也有测量功能，体现在分数的测试分析、统计上（这已经有成熟的技术），但是这种测量不作为最终评定学生的依据，而是作为学习反馈存在，让学生获知自己的强项弱项和整体水平等，这对学习动机保持很必要。

总之，网络教学中学习评价的最终意义是为了"以评促学"，主要作为一种学习支持服务存在。其功能将主要体现为：交互学习系统中"测量管理者"、"学习监控者"、"自适应指导者"以及"持续促进者"。

第三节　教育改革的误区

对于很多中国知识分子来讲，美国就是先进教育的典范，中国应该向美国学习。他们常说，中国是应试教育，美国是素质教育。中国的应试教育表现在中小学教育非常繁琐，死记硬背的东西太多，这样不利于中小学生素质的培养。中国的中小学教育一定要依照美国模式进行改革，把应试教育、死记硬背的东西改革掉。而中国的大学和专科学校教的东西太狭隘，我们应该像美国一样大搞通识教育。

然而有意思的是，美国报纸上常能看到的不是美国的教育有多好，而是它相对于包括中国在内的东亚各国的教育而言有多失败，以及美国应该如何以后者为典范进行教育改革。在一篇充满讥讽与调侃的文章里，美国学者、教育家 Peter Wood 指出，在美国终于开始学习中国的传统教育方式的同时，杜威的当代传人——美国哈佛大学教育系教授 Howard Gardner 在中国炙手可热，因为中国人希望采纳美国式的教育理论。他指出，通过这种交换，通过向中国输出这种愚蠢的教育体制，美国也许最终能钳制中国的经济增长，消除给美国带来的威胁。他调侃地说，这可能是美国中央情报局设计的一个伟大阴谋。

Wood 的文章发表于一份右翼保守主义杂志，但是，立场温和左倾的《纽约时报》专栏作家 Nicholas Kristof 也同样发出了"美国应向中国学习，适当压制学生的快乐与自由"的呼吁（但是他同时也认为，中国传统教育走向了另一个极端）。比如就数学教育而言，《纽约时报》的社论指出，曾几何时，美国一些搞数学教育的人认为传统的教育方法太僵化：死记硬背，通过重复做大量习题来学习怎么样去解决数学问题。他们认为这种传统教育窒息了学生的创造性。他们主张，学生不应该死记硬背诸如九九表这样的东西，老师不应该强调重复做习题，而是不告诉学生究竟应该怎么做，让学生自己去摸索解决数学问题的思路，教材也应该多样化，由每个学校和老师决定选什么样的教材和教多少东西。但是，这种强调灵活与创造的结果是，美国学生的数学能力不仅落后于大多数发达国家的学生，而且落后于像中国这样的发展中国家的学生。基于这个现实，多数数学教育工作者都认为美国的数学教育要改回去。一般来讲，在美国，越来越多关心教育的人认为这种反对死记硬背、反对应试教育、强调灵活和创造力的教育是失败的。

美国教育的经验教训能给我们什么样的启发？在中小学教育中，为什么"快乐教育"、"素质教育"的美好理念似是而非，而具体的"就近入学"又如何导致潜在的危害性后果，并力图正视传统考试制度的积极意义。"快乐教育"与"创造性教育"的误区。

美国教育比较强调个人的创造性。这种强调创造性的思想渊源可以远溯到西方启蒙传统中的个人主义与平等主义，即作为抽象个体的个人都是平等的，其个人意见都应该得到尊重。而晚近的直接思想渊源则是杜威。当然，这种现实主张到底与这些哲学思想有多大联系，这些哲学家到底是不是持这样的观点，是个很复杂的问题。比如，美国的杜威专家 Thomas Alexander 就曾表示，杜威在世的话，绝不会支持自认为强调创造性的"新数学"。另外，美国的反智传统和商业传统也对创造性和快乐教育的强调有影响。反智就意味着精英不见得比常人更有见识，所以常人的意见应该得到尊重；商业化的泛滥就意味着学生是付钱的顾客，让顾客快乐是店家应该重视的。不管其思想来源如何，基于对创造性的强调，有些教育者认为我们不应该给小孩子灌输任何东西，而是要尊重他们的想法。但是，创造的定义是对固有模式的克服与反叛。想要创造，必须先有些以往的智慧和经验。如果连固有的模式都没有，又能反叛什么呢？在还没有一个常规的情况下，怎么让一个中小学学生去创造？这种所谓的"创造"，无非是他本性的随意流露。

所以，要让中小学生有厚重的创造性，他们需要先被给予一套固有的模式与系统。小孩天性都是想玩的，是不想去念书的。再灵活快乐的教育，也要有大量需要死记硬背的东西，也要有让学生痛苦的地方。为了让他长大后受益，我们不得不逼迫中小学生去学一些东西。这里，学会东西是目的，而让他们快乐的不同教育方式只是手段，后者要服务于前者并在二者冲突中为前者让路。该记该背的东西还是要死记硬背，关键是要死记硬背的是什么。就语文课来讲，要背的东西应该是中西方传统里面最好的东西。俗话说得好，"熟读唐诗三百首，不会作诗也能吟"。并且，我们只有在对传统的东西了解以后，才能有真正的突破与创造。可我们现在中小学课本里的东西是传统文化里最好的东西吗？让学生死记硬背二三流的东西，培养出来的自然多是二三流的学生。只有用一流的东西才有可能培养出一流的人才。

皮之不存，毛将焉附？中小学是否需要素质教育？

比照美国，中国人常抱怨的另外一个方面是中国只重视应试教育，而不重视素质教育。这种不重视的结果是造就了很多高分低能和高分低德的人才，自杀的和杀人的都有。但是，中国人做这种事的比例真的比美国人高么？即使中国人走极端的比例更高，其原因究竟是什么呢？是教育的缺陷还是生活的压力？并且，中国人的进退失据也许是巨大地区差异和社会本身快速变化的结果。但是这里重要的问题是，学校真是素质教育的有效场所吗？中国的应试教育真的对素质的提高没有作用吗？

美国佛罗里达州的一个学校，因为教育一直落后，校长要把社会实践课砍掉，只教数学和英文。有人抗议说不教学生的素质和社会交往能力怎么行？校长的回答是，一个学生没有基本的读写能力，不会算算术，在社会上绝对无法生存下来。这些东西是我们学校可以教给他们的。而社交能力是可以自然而然地学会的。我们连读写、算术还没教会学生，奢谈什么社会实践？

有条件的话，学校当然应该两者都教。但是，如果学校没这个条件怎么办？现实世界不可能有那么理想，我们的财力有限，也不可能依每个学生的需要来给他配备相应的老师。所以，在现实世界里相关的问题，是我们如何用有限的金钱、时间、人力培养出最优秀的学生。这就意味着我们应该用学校培养那些既重要、也能有效培养的东西。

显然，学校能有效地教学生数学语文等基础课程。但是，中小学是培养素质的有效场所吗？人的个性是经过长期熏陶养成的，而熏陶主要是靠常年围绕着他的家庭及其周围人群。我们能指望一个老师通过每周几次的伦理课或德育课对学生个性产生很大影响吗？伦理课不一定能培养道德品质好的学生，因为人的素质不是靠上伦理课学出来的。真的能对学生有影响的是给学生上课的老师群体，他们能否对学生起到好影响，依赖于他们是不是能做学生各项素质发展的楷模，是不是能通过以身作则潜移默化地对学生产生影响。这就意味着我们应该重视老师的素质。

这不等于说，要让每个老师都是道德典范，或者具备学生所需的所有素质。如果一个老师也许在道德上谈不上是什么典范，但他却有着强烈的求知欲，在找不到更完美老师的情况下，这样的老师对学生也是有益的。所以，学校素质教育主要通过选择老师来实现，上素质课是没什么用的。这并不是说学校不能教育学生素质。但如果学校要为此投入很多的人力、物力、财力，把有限的资源花在所谓的素质教育上，效果不一定好，却必然会耽误数学语文这些基础知识教育。这样一来，很难直接教育的东西占了学校有限的资源，非但没有什么直接成果，反而把学校能教育的东西给耽误了。

另外一个很重要的问题是，学生的某些素质对语文、数学教育是很重要的，这些素质包括学生在课堂上的学习态度和基本纪律。在这个问题上，越是成绩差、资源少的学校就越需要这些方面的素质教育。我们中国采取的办法是镇压，有些无奈或不关心学生的老师干脆就放任自流。这个难题不一定有完美的解决办法。但是，第一，我们至少应该重视这个问题。第二，我们在培养老师时不能只让他们会教专业课，而要同时让他们对少儿心理有个了解，让他们有做"孩子王"的管理、领导才能，让他们能有一套办法帮助学生在他们教的语文数学课上养成一些基本的与学习相关的素质。第三，学校教导处的老师也应有能力起到引导学生的作用，而不是成为只会挥舞着处分去吓人的门神。警惕"就近入学"的潜在危害性后果

无论"快乐教育"和"素质教育"的理念多么美好，最终还是要落实到具体制度设计上来。以前中国选拔人才的方法主要是考试。对这种方法的一个批评是它只重视考试，不但增加了学生的负担，使学生不快乐，还缺乏对学生综合素质的考察。其解决办法之一，是提倡中小学就近入学。这种入学办法会造成什么样的后果呢？中国初中实行就近入学的时间还短，其效果可能还不明显。美国的公立学校，从小学到高中长期实行就近入学。所以，我们不妨以此为参照来想一想它可能会在中国造成什么后果？

同中国小学分片上学一样，美国学生上哪个公立学校取决于他家住在哪个学区（school district）。这个学区的公立学校的财政资源在很大程度上依赖于学区的家庭所交的与教育有关的那部分税款。如果一个学区的家庭总体上相对富足，这个学区的学校就相对有钱。

在一个高度市场化的社会里，这就导致了这些学校无论从硬件设施、师资质量、师生比例、学生素质上，都比较穷的学区有很大的优势。因为有钱的学校能吸引和留住好老师，雇佣更多的老师，而在其他条件相同的基础上，一个老师管的学生越少，就越有可能在每个学生身上花更多的精力，其效果就可能越好；中产阶级家庭的孩子衣食无忧，家长的平均素质也要比穷人家庭高些，他们花在孩子身上的时间、精力也可能更多。这样，从小学到高中，富裕学区的学生总体上就得到了比穷学区的学生好得多的教育，其在校科目成绩和大学入学考试成绩都要比穷学区的学生好。

当然，美国大学在选学生时，还常看个人作品、社会活动、推荐信等等。但在这些项目上，富裕的学生总体上可能比穷学生做得更好。比如，他们的家长有能力安排他们参加各项社会活动，他们所在的学校也能雇有经验的老师帮他们选择合适的大学，并教他们如何把自己打扮成这个大学所需要的人。甚至在美国有专门的教人如何准备入学的各种服务。但是，要得到这种服务，家长要花上一大笔钱。相比而言，为糊口而奔波的穷人家自顾不暇，哪里顾得上让孩子参加什么社会活动？其所在学校也不大可能有财力雇有经验的老师来指导学生选择大学。

美国已经步入所谓的以"知识经济"为基础的社会。上不上大学、上什么样的大学成为一个人在社会里能力的重要标志之一，有没有这个能力会导致不同人群之间的总体经济水平的差别。所以，通过这套教育系统，上一代的收入差别就转变成了下一代的能力差异，并继而转变为收入差别。这就意味着贫富之间只有名义上的可流动性，而实质上贫富差别成了世袭的。在平等观念深入人心的当代社会，"世袭"是不为人所接受的。但是，美国公共教育系统名义上是允许流动性的，而上一代的财富通过这套系统"洗白"了，洗成了下一代的能力。由于个人能力差别导致了其他不平等听起来是挺正当的，也为人所接受，尤其是相信个人奋斗的美国中产阶级和美国保守主义者。这样，他们可以心安理得地看着穷人受穷：因为这些穷人少壮不努力，所以老大就该徒伤悲。但是他们不知道的是，美国这个名义上平等的、只以个人能力分高下的社会，实质上蜕化成了以财富划分的世袭等级社会。这个社会甚至比等级社会还糟，因为它自以为是平等的。

美国就近入学所造成的上述后果给我们什么启示呢？以前中国小学也是就近入学，中学也有地域限制。但是，以前中国是个经济上相对平等（或者说是平等的贫穷）的社会。但是，即使在这个相对平等的社会里，城乡差别也是很明显的，而旧有的、地域性的公共教育制度也是维持这种城乡差别的一个重要原因，使城乡差别成了实际上的世袭的等级差别，现在中国的贫富差别越来越大。虽然中国的学校还没有像美国那样依赖于其所在的小区的税收，但是住房的商品化导致了类似的结果。很多房地产开发商"捆绑"式地开发一片住宅区。通过钱屯权关系让好的幼儿园、小学乃至中学搬到他们开发的小区里，或在那个小区设立分校，因此能就近入读该小学的周边房产价格也开始猛涨。这样，这些好的公立小学变相地成为有钱人孩子的学校。在缺乏市场经济和民主法治成熟体制的现状下，有权的人也往往能保证自己的孩子上好学校，或通过权钱交易帮有钱人的孩子上好学校，自己也从中得利。这种权钱交易美国也不是没有，但是其相对完善的制度使得这种交易的程度轻得多。总之，在中国不完善的市场经济和不完善的民主法治的条件下，中国小学、初中的就近入学就很可能成为洗钱、洗权的工具，使社会贫富、权力分化世袭化。

考试仍然是个好东西，考察完就近入学的潜在危害性后果，可能有人仍然认为，考试本身不是考察能力的好办法。我们应该全面地考察学生素质。所以，初高中尤其是大学应该取消考试，或除考试之外加强对素质的考核。对此，我们不妨再来看看美国的经验。

美国的大学入学并没有取消考试，而是除考试之外，还要证明自己能力全面，并有好的推荐信，是一个全面发展而不是只会考试的人才。但有趣的是，美国的精英大学在 20 世纪 20 年代之前，基本上也是只用考试来选拔人才。这些精英大学的学生往往是纯白种的美国精英的后代（这里"纯白种"指的是所谓 WASP，即 White Anglo – Saxon Protestants，白种盎格鲁－撒克逊新教徒）。但是在 20 世纪 20 年代，哈佛大学注意到犹太人不断渗入进来，这是哈佛大学所不愿见到的。这里面有种族主义的因素，也有政治、经济因素。因为私立大学需要政治和经济上的支持。在美国 20 世纪早期，政商界的精英多属于 WASP，而本身是 WASP 的人就更可能在这个世界里取得成功。因此，学校招这种出身的学生，让他们在这个学校受教育，之后在商界或政界有了不俗的成绩，他们就会对学校有丰厚的回报。所以，哈佛大学希望限制没有深厚背景的犹太人入学，但他们又不想违背美国平等和个人主义的意识形态。毕竟，让一个差生仅仅因为他出身高贵或是纯种白人就上哈佛，对谁都不是件光彩的事情。于是，他们想出了一个很"天才"的办法：即打着"全面考察学生素质"的旗号，要求学生不但要提交考试成绩，还要在课外活动上表现出色，并得到值得信赖的人的推荐。但他们想做的，其实是通过这种手段把那些刚富足起来的犹太人排除出去。因为这些犹太人家庭即使相对富足，也还没有养成习惯去做纯种白人喜好的活动并达到相当水平，他们也不太可能结识社会上层人士并让他们来给自己的孩子写推荐信。这样，打着全面考察学生素质的旗号，哈佛大学成功地遏制了犹太学生人数的增长势头。其他常春藤学校也因此争相效仿，在一段时间内保持了它们"血脉"的纯净。

不过一个有趣的转折是，犹太人还是削尖脑袋钻进了哈佛等名校。为了适应这种教育改革，他们就从中学时开始准备哈佛所要求的各种硬性条件，比如参加"正确"的运动项目等等。到了 20 世纪 50 年代之后，犹太人还是成了哈佛这样的名校的主导力量之一。近几十年来，与犹太人同样重视教育并也开始富足起来的东亚人（包括中国人），逐渐成了美国精英学校迅速上升的少数群体。

虽然总体上氛围宽松，但是现在的美国家长，尤其是在大城市里亲身体验到现代社会激烈竞争的人，对孩子受教育的重视与应试教育下的中国人是有一比的。从幼儿园教育开始，他们就积极地为孩子作准备，上好的幼儿园，让孩子参加"正确的"，即如大学所看重的各类活动。他们的目的不是为了孩子素质的发展，而是为了迎合哈佛、耶鲁这样的名校的需要。但是明显的是，只准中产阶级，甚至是中上产阶级才能真正做好这些准备。这种状况与上述美国式就近入学的制度一起，就导致了好学校总体上被相对富裕家庭的孩子所占据的局面。

从美国的经验，我们能得出什么结论？第一，美国学生的轻松与选择上的多元，其部分原因并不是强调应试还是强调素质教育的直接结果，而是美国社会相对富足的经济状况所致。第二，全面考察学生素质听起来很好，但它却有着很阴暗的起源。当然，很多结果光明的东西起源也很阴暗，而高贵和理想反而常常导致可怕的后果。但重要是，美国全面考察学生素质的起源的确是为了变相维护少数人的利益。在此，我们不得不想想，如果在中国现有的法治条件下，不用相对明确的考试；而用比较模糊的全面素质考察会有什么样的后果。一个很可能的后果就是那些有权、有钱人的孩子会被"定"具有优秀的素质，占据了大学里本来也许能通过考试"翻身"的穷孩子的位置。在这种直接地以权谋私或以钱谋私的雏形之外，相对富裕的家庭也更有资源把他们的孩子打扮得更有"素质"，送进好的初中、高中以至大学。如同不加管制的就近上学一样，考察学生素质就成了变相地考察他们的家庭的权钱背景的工具，就成了帮助有钱有势的家庭洗白他们权钱的工具。

所以，虽然用考试来选拔人才明显是不完美的方法，但问题是我们现有条件下是否有更完美和公平的方法？恐怕是没有的。如果在中国实行所谓全面考察学生的美国式办法，其现实结果很可能是：没有良好经济背景的学生会以更大的比例被淘汰掉，特权和腐败会更泛滥。与之相比，用考试来决定学生去什么学校至少能保证相对的公平。考试让向上奋斗更加可能，社会底层（比如农民）的孩子更有机会通过大学，来改变自己的身份。

当然，这并不等于说中国当今的考试制度不需要改革，比如在语文、历史等科目上我们考的内容应该是东西方真正的经典，而不是赶时髦或时势造就的东西。一般来讲，我们考试制度需要改革的是考什么和怎么考。考的东西应尽量是学生需要掌握的，而考试的设计也应尽量地反映出学生的知识和能力。我们应该尽量不让考试退化成一个与其他知识和能力无关的技能（大家可以想想国人是如何迅速地缩减了 TOEFL 和 GRE 中真正测试英语能力的成分就明白了）。但是，考试制度的内在缺陷并不意味着现实中有更好的替代方式。避免考试弊端的另一个重要的方面，是我们要通过一些办法尽可能保证初级教育的平等，这样使得考试不退化成洗钱、洗权的工具。另外，在考试的基础上，我们可以有更灵活的措施。我们一直都有特长生加分的制度，这个特长生也可以包括那些极度"偏科"但确实在其所偏科目上有前途的学生。但是在现有条件下，以考试为主的制度仍是选拔人才的最好的办法。

另外值得注意的是，我们常说考试与一个学生的素质和能力无关，但这种说法是很偏颇的。在美国已有学者做过一些研究，其结果支持了高分高能的观点。当然，这些研究都有其局限，社会学家也应当做更多的经验研究。实际上，直观地想象一下，为了考试出色，一个学生就必须克服自己的本能欲望（比如打一天电子游戏而不是做枯燥的数学习题），勤奋工作，为了一个目标坚持不懈。并且，他必须具备掌握一套知识体系的能力。这些都是他个人素质中最重要的方面。所以，通过高考，我们在考察了学生对某一套确定知识的掌握能力同时（这套知识本身对学生的素质的关系及将来的发展也许不大），我们更考察了这个学生对其将来发展至关重要的素质。我们有时会产生中国学生"高分低能"的印象，也许恰恰是因为我们认定高分会高能，所以偶尔出了个高分低能的人就会给我们留下过于深刻的印象，扭曲了我们对分数与能力之间的看法。

第八章　三种体系的未来

第一节　中国教学体系的未来

　　长期以来，占统治地位的教学评价模式是行为目的评价模式，其合理性受到了普遍的怀疑，它已成为教学创新的障碍。最近，有不少学者提出了发展性教学评价思想，而这种评价并没有摆脱"主体客体"两极对立的思维模式，并没有对传统教学评价产生制度性和结构性影响，它本身仍然存在无法克服的弊端，无法适应弘扬人的主体性和培养人的创新精神与创新能力的时代要求。交往——发展性教学评价正是在批判现有教学评价模式基础上，提出的一种适应我国目前基础教育改革的新的教学评价思想、评价制度和评价模式。

　　一、第一代教学评价模式：追求结果、效率的行为目标模式

　　第一代教学评价理论是建立在泰勒的教育评价观的基础上的。该模式的基本思想是：评价者以一定的教育目标为指导，根据教育者所希望的、学生应掌握的内容和方法，将教育目标行为化并对学生进行测量或检查，以学生行为达到目标的程度为基础来对教学的

效果做出判断。这一模式结构紧凑，逻辑脉络简洁、清晰，容易理解和实施，在教学评价理论中占有重要地位。然而，由于行为目标模式所存在的固有的局限，如评价目标的凝固性、评价过程的封闭性、评价方法的单一性、价值观的一元性等，不可避免地暴露出许多弊端：

1. 在评价的价值取向上，重社会价值，轻个体价值

该模式从现有的标准（固定目标）对教学的效果做出价值判断，尽管它对教学效果进行鉴别、确证和检查具有重要价值，但由于它很少从教学生活本身（如学生的实际情况、教师的实际和学校的实际）来寻找教学过程的结构及其必然结果，被评价者个人的教学智慧及其价值感受往往被排除在评价之外，评价的结果是被评价者担心或害怕的。事实上，它在强调客观描述的背后，隐藏着价值求同思想，即把预定的目标作为评价的统一参照系和统一标准，所谓进行判断就是检查实现了多少原定的社会目标。这种评价不利于评价者和被评价者获得全面的价值和创造新价值。

2. 在评价标准上，目标合理性的前提假设错误

该模式所设置的目标主要是可以检测的外在行为目标，忽视了学生的情意领域的目标、动作技能领域的目标和个性发展的目标。既没有提供选择评价目标的方法，也没有提供解决目标本身不足的手段，更没有说明判断目标与结果之间差异的标准和方法，其目标的合理性是值得怀疑的。为了应付评价，教师、学生、学校往往是形式主义地设计"教学"，使之"符合"看似公正实则不公的"外在"标准，而评价完了以后，教学生活又恢复到原来的模样。

3. 在评价内容上，重要素评价，忽视整体评价，无法体现教学的个性

目标行为教学评价的指标体系是从教学要素角度设计的，如教学目标、教学态度、教学内容、教学方法、教学结构、教学效果等一级指标。在此基础上划分了二级指标、三级指标，并设置了相应的权重。这种评价模式操作起来很方便，深受教师的欢迎。然而，在教学要素评价模式中，却隐含着这样的观点：即每一个要素优，教学才最佳。这种标准化模式虽然可以使被评价者获得在同类中的位置，却无法评出教学的个性。因为教学活动的绩效不仅与教学要素有关，而且与教学要素之间的关系（即教学结构）有关系，还与一定的教学环境有关系。由于教学要素是多样的，每一种要素的地位和作用在教学中也会变化，将"要素"抽象出来，去掉它们的关系特征和情景特征，最后将这些要素的功能简单相加，得出教学效果的好坏，显然是对教学整体性的忽视，是一种机械主义的做法和行为主义的倾向。

4. 在评价的维度上，重教情评价，轻学情评价、教学相互作用的评价

由于传统教学强调教师的中心地位，教学评价也主要评价教师的教。如教案的准备、教学设计、教学目的、教学内容、教学组织、教学方法、教学手段等都是从教师角度来评价的，至于学生的学习态度、学习准备、学习习惯（如做笔记、认真听讲）、上课的投入状况（如积极思考问题）却被当成是教师教学的附属产物，完全纳入了教师的责任范围之内。这实际上是将"教学"等同于"教授"，而对教师的评价又过于强调教师的"技艺"，评课就是评教师的课堂

教学技能。这种评价使教师们过于强调教学的"表演"性质，学生始终作为配角"安置"在教学活动框架中，学生涌动的生命的冲动在"设计"好的课本剧中淹没了。

5. 在评价的方法上，重定量评价，轻多种评价方法的综合运用

定量评价就是运用数量化方法对教学过程和结果从量的方面来分析描述和价值判定，它已渗透到教学评价的整个过程和教学活动的所有方面。人们之所以迷信量化的方法，除了标准容易统一、评价过程易于控制等优势外，其实有一种主观偏见：定性评价是主观的、不客观的、不科学的，而数量化方法则以数的形式量化结果是精确的，因而评价是科学的。然而，数量化方法的运用是有一定范围的。量化方法如果用于不可量化的内容，其量的结果显然是不可能科学的，即使可以量化的内容，而由于量化标准制定及操作过程的不当，也可能得出非客观的评价结果，况且评价标准的制定及指标的赋值都具有"人为性"。

所以，尽管量化结果是精确的，评价者仍需根据实际情况对之做出适当的解释。定性评价固然标准难以精确、客观化，受主观影响大，但它能抓住教学的实质，使被评价者明确意义，便于总结提高或改进。

6. 在评价的主体上，重外部评价，轻内部评价，忽视两者的有机结合

外部评价是指被评价对象以外的组织或个人依据一定评价标准对被评价者进行的评价活动，如上级教育主管部门的督导评价、专家评价、同事与同行的评价、家长的评价等。内部评价就是评价者根据一定的标准自己进行的评价，如教师对自己的教学内容、方法、

效果等的评价，学生对自己的学习态度、学习方法、学习效果等的评价。外部评价可能比自我评价更客观、真实、更容易看到成绩与问题所在，有利于通过评价相互学习与交流。然而，自我评价也有它的优越性：首先它有利于教师或学生加深领会评估标准和社会的期望，并内化为自己的标准；其次，通过自我评价，找出自己的成绩与差距，激励自己努力，形成自我教育的良性机制；再次，在自我评价过程中通过对自己的检查与评定，不断调节自己的行为和心理状态，自觉提高自己的教学水平。

然而在现实的教学评价中，外部评价几乎成了推动教改的惟一手段，教师自我评价、学生自我评价并未成为教师或学生合理的教学生活方式。有些外部评价者既没有先进的教育思想，也没有掌握科学的评价理论和技术，评价时或先入为主，不顾实际情况，妄下结论，或以点盖面，以偏概全，单凭表面现象就做出草率结论；或主观武断，过分强调自己的意志。而随着评价的频繁进行，使教师或学生对教学评价工作，消极应付，渐渐麻木，甚至产生心理抵抗、情绪反感及行动上的抵触。

外在评价的根本缺陷就在于依据刻板化的标准，对所观察到的现象进行不完全归纳，忽视了教师或学生的内部标准和感受，忽视了教学的起点和逻辑。

7. 在评价的过程中，重静态评价，轻动态评价，忽视静态与动态评价结合

静态评价就是对评价对象的现有水平或者现有条件进行价值判断，它不管评价对象的原有情况和今后的发展趋势，只考察评价对象在特定时空、特定条件下的"现实"状态。动态评价是根据评价

对象的发展过程及其趋势进行评价，静态评价有利于横向比较，即与他人的现状比较。动态评价有利于纵向比较，即与自己的过去比较，与他人进行历史比较。这两种评价各有优势，理应相互补充。

然而，由于现在的教学评价过分强调静态评价，极大地助长了"排名次"、"好攀比"的不良风气。由于学校之间、教师之间、班级之间、学生之间的起点不同，发展潜力不一样，单纯的静态评价严重地打击了非重点学校、农村学校、非重点班级、排名排不在前面的教师与学生的积极性，同时，由于领导的好大喜功心理，使有限的优势资源过分集中，不利于真正的合作与竞争。

总之，目标行为评价模式，以目标作为评价过程的核心和关键，通过对学生（或教师）行为的考察来找出实际活动与教学目标的偏离，从而通过信息反馈，促进教育教学活动能够尽可能地逼近教育目标。强调的是用行为描述目标达到的程度，忽视了目标本身对人的意义。指标体系过于粗糙，过于抽象，它的使用只会使人看到一些冰冷的条文，看不到教学中活生生的人及其丰富多彩的充实的生活。

二、第二代教学评价理论：没有现实支点的理想化评价模式

所谓发展性是指要有利于学生发展、教师发展、学校发展的评价。包括发展性教师评价、发展性学生评价、发展性教学评价、发展性学校评价等。它是在批判传统评价理论和借鉴国外的评价理论的基础上发展起来的现代评价理论。如有人认为现实的课堂教学评价存在评价主客体单一、方式传统、内容浅显、作用甚微等不足；促进学生发展的课堂教学评价应注重多元性、整体性和过程性的特点，并遵循发展性、学生中心和全面性的原则。

发展性教学评价在评价的目的上，突出了目标的完整性、科学性，强调教学要促进学生发展，特别重视培养学生的主体意识和创造精神与创新能力；在评价的价值取向上，立足现在、兼顾过去、面向未来，不仅注重学生的现实表现，更加重视学生的未来发展、学生的"成长"；在评价过程中，强调评价者要对学生作全面了解，强调教师与学生的全员参与；在评价的方式方法上，强调定性与定量相结合，诊断性评价、形成性评价与总结性评价相结合，外部评价与内部评价相结合。

尽管这种模式是在批判传统教学评价的理论、力图克服前一代的缺陷的基础上提出的，并使之更符合时代对评价的新要求，但由于其概念的移植性、方法的纯批评性和引进性、思维的二元性等缺陷，其合理性大打折扣。

1. 先念主义倾向

与目标行为评价模式相比，发展性教学评价模式注重评价的改进功能，拓宽了评价的时空，评价范围涵盖了活动的整个过程，涉及事前、事中、事后各个环节。但其评价仍局限在预设的"发展性目标"范围之中，其缺陷是，方案本身的合理程度、变化、师生在目标之外的感受，其他各方面的人士对教学评价的态度都难以反映。

2. 带有明显的管理主义倾向

发展性评价把评价视为一种管理的手段，把评价对象及其他一切与教学有关人基本上排除在外，评价者与被评价者之间的一致关系很少受到关注，评价的结果仅仅是观念性的，评价过程对被评价者的现实生活并未产生建设性的意义。这种关系在实际活动中常常造成许多不合理的后果：管理者无过失，如果评价有问题，评价者并不要负责任；评价者与被评价者关系有失公平，被评价者处于无权地位，被评价者不能维护自己的利益，阐述自己的见解。评价者想方设法维护自己的权威性，被评者无奈地迎合管理者的需要。如CIPP模式以决策为中心，为决策的不同方面提供信息。背景评价形成计划决策，输入评价为组织决策服务，过程评价指导实施决策，成果评价为再循环评价效力。这种模式就明显体现了管理的特点。

3. 忽视评价中价值的多元性

评价者仅仅从自己的价值观出发，批判传统的评价标准的片面性，提出要建立科学的全面的标准，不经意之时，又把自己的"大而全的标准"抬到了至高的地位，评价中的"权威"意识和"二元对立"思维以更隐蔽的方式显示出来。所谓"客观"的评价结果难以被具有不同价值观念的人所接受，当被评价者受到伤害时，往往很难采取合作态度。预定式评价对正在进行的方案缺乏敏感，难以察觉学生在与教师和其他同学接触中获得的现实收益。

4. 过分依赖自然科学范式

发展性教学评价主要从"科学性"的角度对传统评价进行改进，借鉴自然科学（特别是数学）的方法，追求评价标准的完整性、评价内容的真实性、评价过程的严格程序性、评价方法的可操作性，使评价者忘记了"科学方法"、"实证技术"只是人类认识、评价事物的一类方法与技术，而不是全部，使评价过于依赖"数的测量"而忽视"质"的探究；忽视了评价中不同主体的需要，评价者与被评价者关系的"实际"，使得评价活动缺乏必要的灵活性和弹性。

总之，发展性教学评价由于过于理想化，没有看到教学评价本身也是一个发展、完善的过程，除了给评价者以人文主义导向以外，并没有动摇传统教学评价的基础和给教学实践以具体的指导。

三、第三代教学评价：交往——发展性教学评价模式

第三代教学评价理论是在批判继承已有的评价理论、总结现代教学实践经验的基础上提出来的。可以称之为"交往发展性教学评价"。其基本精神实质是：教学评价是评价者与被评价者通过教学事实认识、体验和教学价值的判断活动，进行相互交流、相互理解、相互启发、相互学习、共同创造的学习过程、交往过程和双向建构过程。它具有坚实的理论基础、科学的评价标准、规范性与个性化结合的弹性化的指标体系。

1. 交往——发展性教学评价模式的理论基础

（1）交往哲学理论

现代哲学从整体上抽象出"交往"哲学本质、基础、可能性，交往过程中人与人的哲学特点。它把交往放到历史、文化和现实生活的大背景中，研究交往与人的发生发展、交往与社会及世界的发生发展方式。人的本质、功能不是孤立地在自己内部凭空地生长起来，人只有通过处理与外部世界的关系并在这种关系中才能存在。因此，交往是人与外部世界关系实际展开的基本的现实形式，是人存在的根本方式，是人的全部本质、功能形成和发展的根源和基础；同时又是人的本质、功能在对象性活动中表现、确证和实现的现实舞台。作为具体的个人，不过是在与历史、文化、自然、社会交往中的生命存在。正如马克思指出的那样："人的本质并不是单个人固有的抽象物。在其现实性上，它是一切社会关系的总和。交往使人们与整个世界的联系越来越紧密，越来越摆脱个体的自然局限性，获得更加深刻的社会本质，实现更加自由的、完美的个性。

教学评价是人类交往的重要方式，它动态地表现了评价者与被评价者之间相互作用、相互交流、相互沟通、相互理解、彼此创造的关系。交往理论使教学评价的本体基础由认识论转为交往论。

（2）多元智力理论

多元智力理论（Multiple - intelligence theory）是由美国心理学家加德纳（Howard Gardner）提出的。他认为人的智力由多种相对独立的智力成分构成，如言语能力、逻辑—数学智力、空间智力、音乐智力、身体运动智力、人际智力、自知智力等。

多元智力理论对传统的智商或其他标准化测验的科学性提出了质疑与挑战。智商或标准化测验的致命弱点是它们只依赖学生的阅读和计算方面的智力，窄化了智力，尽管语文和逻辑数学智力是重要的学业智慧。运用多元智力理论来评价教学其评价标准也是多元的，评价的方式必须多元化。

（3）建构主义学习理论

建构主义关注的是学习者如何以原有的经验、心理结构和信念为基础来建构自己独特的精神世界。建构主义者主张，世界是客观存在的，但是对于世界的理解和意义赋予却是由每个人自己决定的。我们是以自己的经验为基础来建构现实，或者至少说是在解释现实，我们个人的经验世界是用我们自己的头脑创建的，由于我们的经验以及对经验的信念不同，于是我们对外部世界的理解便也不同。

既然对知识的理解是多元的，评价者就要保持开放的心态，尊重教师或学生的个人意见；同时，评价过程也是一种学习过程，在评价中，通过对话、沟通、交流、观摩等共同学习的方式，使评价者和被评价者双方受益。

（4）后现代教育评价理论

20 世纪 70 年代后期，教育评价针对以往评价的不足，在实证的基础上，引进了定性方法，并注意了评价过程中评价双方的互动作用及动态分析。强调评价是过程，提倡价值多元、全面参与和共同建构。主要代表人物有美国的教育评价专家比贝（C. E. Beeby）、斯塔克（R. E. Stake）、古巴（E. G. Guba）和林肯（Y. S. Lincoln）等。

20 世纪 80 年代，以古巴（E. G. Guba）和林肯（Y. S. Linco）等人为代表创立了"第四代教育评价理论"。他们认为评价就是对被评事物赋予价值，评价本质上是一种心理建构。他们进一步强调"价值多元性"，提倡在评价中充分听取不同方面的意见，并把评价看作是一个由评价者不断协调各种价值标准间的分歧、缩短不同意见间的距离，最后形成一致看法的过程。

2. 交往——发展性教学评价的标准

交往——发展性教学评价标准是对教学质量要求的具体规定，是教学活动预期达到的目标。尽管评价标准千差万别，但也有共性。这些共性是教学评价工作的某些规律的反映。分析评价标准的共性，有助于正确地制订评价标准和有效地理解、贯彻评价标准。

交往——发展性教学评价的评价标准包括：

（1）绩效标准，包括效果标准和效率标准

所谓效果标准就是从工作实践的角度确定的评价标准。如学校教学全面贯彻教育方针情况、学生的全面发展情况等，但教学效果本身具有综合性、迟效性等特点，如果只对效果评价，那就有可能出现只问结果不问过程的现象，甚至出现为追求效果而不择手段的严重后果。所谓效率标准就是根据产生与投入的比例来衡量工作成绩，其中包括在一定时间内完成的工作量，或单位时间内所消耗的人力、物力、财力与学生实际理解掌握知识的程度高低。衡量交往教学效率，一是指教学同一内容，教学实际花费的时间与平均所花时间的比率；二是在同一时间内，教学内容的充实程度和师生活动的丰富程度。花的时间少，教学内容丰富、学生有一种充实感，教学效率就高；反之，就低。

（2）职责标准

职责标准主要是从评价对象所承担的责任和完成任务的情况进行评价，如评价教师的工作，要看教师是否认真备课、写好了教案，是否遵守教学基本规范（如语言准确、按时上下课等），是否给学生布置作业，并认真批改和讲评，是否对学生进行了必要的辅导，等等。

（3）素质标准

素质标准是从教师和学生完成各项任务应具备的条件或实际知识能力、心理等状况。如教师上课要求语言准确、清晰、生动形象、富有感染力，教师的板书工整、美观，教师的教态优美大方等等，又如学生的知识广度、思维水平、想象水平、想象能力、分析问题和解决问题的能力等。素质是评价对象的基础和条件，是一种长期起作用并具有决定意义的因素；加之素质标准比职责标准、绩效标准更难掌握，因而也更容易被忽视。但忽视素质标准，很容易产生急功近利现象。

（4）关系标准

关系标准是从教学活动中师生间或生生间关系的状况的角度提

出的标准。如师生之间配合是否密切，学生之间是否愿意合作、团队精神如何等等。师生关系或学生关系反映了教学的动态变化，从其关系状况可以了解教学生活的质量，可以预测教学的某些效果。教学关系是师生共同创造的，无法掩饰和伪装，是教学的重要标准。

以上四个标准是衡量交往发展性教学评价的基本标准，它们既相互独立，又相互渗透、相互联系，是所有教学评价的基本要素，但侧重点不一样，前两个标准倾向于静态评价，后两个标准侧重动态评价，绩效标准和关系标准是综合评价，职责标准和素质标准是分析评价（或单一评价）。在制订评价标准时，评价者主观倾向不同，也可能各有侧重。

3. 课堂交往发展性教学的指标体系

教学是多层次多类型的，其评价指标体系也有别。这里根据对评价指标设计的要求对课堂交往——发展性教学评价指标体系的结构进行分析。

（1）教学的科学性

科学性是有效教学的基础。它反映了教学"求真"的本性，既是师生的职责标准，又是素质标准。教学的科学性包括教学内容的科学性、教法的科学性和学法的科学性。教学内容的科学性，它主要是指通过教师和学生选择的材料是有科学依据的，而不是封建迷信的、反动的，也不是道听途说的，是真理性知识和真实性信息。它还包括师生的表述是准确无误的、合乎逻辑的。教法的科学性包括重点突出，难点突破，小组讨论分配人数合理、时间安排恰当，教学组织有序等。学法的科学性包括充分的学习准备、上课集中注意力、做笔记、完成作业等。

（2）教学的教育性

教学的教育性是科学性的进一步提升，是交往教学的基本要求之一。它反映了交往教学"求善"的本性，这里的善不仅指道德之善，也指人格之善，人性之善。同教学的科学性一样，它既是教师和学生的职责标准，也是师生的素质标准。

教学的教育性不单是指教学的政治性、伦理性或思想性，它包含了教学对师生的政治思想、道德、情感、人格等在内的整个心灵的影响。

教学的教育性体现在：第一，教学内容的思想性。它是指教学内容中所蕴含的科学精神、价值观念、理想信念、人性特征等对师生的影响。它是通过师生的共同挖掘来实现其对教学主体的价值的。第二，教学组织的教育性。它是指教学作为一种组织形式，通过组织的规范和组织内的人际交往与互动而对教学主体产生的教育效应。如榜样的示范作用，教师批评个别学生而对其他学生产生警示作用。第三，教学活动的教育性。它主要指通过多种教学活动形式而对师生发生的影响。如小组讨论活动可以使胆小的学生得到表现，而使他开放自我、变得大胆。又如通过角色扮演可以使学生获得相应角色的社会学习，促进对社会角色的理解和角色的社会化。第四，教师的示范性。它是指教师通过语言、思想、行为、人格等对学生产生的潜移默化的影响。

（3）教学的艺术性

教学的艺术性是师生在教学活动中遵循教学规律和审美的规律，创造性运用语言、动作、表情、色彩、音响、图像等创设一定的教学情景，使师生进入一种物我两忘的境界的教学特性。它反映了交往教学求美的特点。求美使教学进入到一个新的境界，它是师生的高素质的体现。

教学的艺术性表现在教的艺术性、学的艺术性、师生活动的艺术性等方面。具体包括对话的艺术、表演的艺术、交往的艺术、组织的艺术等等。还可以进一步细化为课的导入艺术、语言的艺术、板书的艺术、时间艺术、提问艺术、结束课的艺术等基本要素。

（4）教学的关系性

教学的关系性是指师生在教学中相互联系、相互作用的特性。它反映的是教学主体间现实关系的整体性特征。教学的关系性具体包括了师生关系、学生关系甚至教学组织与环境的关系特点。它是教学的关系性标准的必然体现。具体体现在：第一，师生关系的融洽性。如师生密切配合、相互理解等。第二，学生关系的合作性。教学中的学生关系主要表现在学生之间相互关心、相互帮助、共担责任等。第三，课堂气氛的活跃性。课堂气氛的活跃度反映了教学整体气氛和团体动力特点。活跃度大，说明师生的积极性、主动性、创造性得到了很好的发挥。

（5）教学的绩效性

交往教学的绩效是交往教学过程的逻辑发展。它反映了教学的功效性特征。它是交往教学的绩效标准的体现。它包括效果和效率两大方面。

教学的效果，包括了对教师学生响以及对教学集体（或教学社区）的影响。从学生的角度来说，包括了学生知识、技能的获得、思想的进步、心理的成熟、自信心的增强、学习能力的发展、交往能力增强等。就教师而言，包括职业体验丰富、专业水平提高、教学智慧增长等。对教学集体来说，集体凝聚力增强、学风优化等。

教学的效率，包括教学的速率或节奏比较快（以适应中等学生为下限），课堂知识信息容量比较大，课堂活动丰富多彩，师生都有充实感等。

以上指标体系是相互联系的整体。在具体实施时，应根据教学的原有情况和实际发生的过程来对其补充、调整，其权重分配可以根据学校的导向来确定。如教学水平很高的教学可以加大教学艺术性、教学的关系性的权重份量，还可在教学绩效中加大学生的创造性思维、创造性活动等内容。这五个方面不仅能体现教学特色，而且也给学校的教学工作、教师的教与学生的学都指明了发展的方向。

四、交往——发展性教学评价的意义

交往——发展性教学评价的过程是教学要促进教师和学生发展的过程，以交往为手段，以全体学生的整体的、充分的、有差异的发展为最终目的，以评价者与被评价者的价值理解与交换、价值对话及其自我反思和自我建构为主线的互动过程。和以往的教学评价相比，它具有以下几个方面的积极意义。

1. 以人文精神为导向，有利于师生的自我教育和终身教育

教学评价是对已发生的教学活动过程和结果的"事实"进行的价值判断，但这些"事实"中包含有师生的活动目的、主观态度、价值观念、情感体验、人格特征等因素，因此"事实"本身也包括了"价值"事实。充分挖掘教学活动中的人的价值活动、审美活动、心理活动的特点和规律，并力图反映在评价指标体系中，这就是教学评价的人文性。而挖掘人文因素的主要目的在于促进师生的自我教育和终身教育。即让教师对自己的教学思想、教学理念、教学态

度、教学情感、教学风格等进行反思，形成自己的教育信念，改变自己的教学生活状态，积极理解标准的文化内涵及其对自我滋养价值；促进学生终身学习愿望的形成和自学能力与习惯的培养，对今后教师的教学和学生的学习都产生激励作用。

2. 有利于改善评价者和被评价者关系，促进双方互动

相互理解、宽容是评价的基础，致力于学生的未来发展是目标，评价过程本身就是一种相互学习的资源。

在传统的教学评价过程中，由于受主体、客体二元对立价值观念和思维模式哲学的影响，评价者和被评价者处于对立状态，教师和学生总是存在一种"被评"的恐惧心理，评价者却具有一种"法官"心态。评价本身也带有"技术主义"倾向。有的学校领导，不是从真正关心教师的角度出发，常以找教师的"茬子"的心态，以突击检查的方式检查教师教学。教师抱着恐惧的心理，把本应该花在备课、研究教学上的时间和精力用在揣摩领导心理、应付检查上，教师与领导之间的心理距离不是在缩小而是在扩大。交往发展性教学评价克服了纯客观标准取向，给评价者理解被评价者一定的思维空间，允许评价在依据客观事实的基础上发表个人的见解，这种见解既是对教学中教学主体创造性的反映，也是评价者自身创造性的体现。这样，评价过程就成为相互沟通、相互理解、相互学习、相互提高的过程。教师在与学生的日常交往中，采用和风细雨式的、中肯的、有教育意义的语言来评价学生，让学生沐浴在教师的无时无刻不在的关爱中，让学生成长在教师的发自内心的期待中。

3. 有利于反映交往教学的整体状况和个性特色

传统的教学评价指标侧重于反映容易测量的知识目标，没有反

映教学的整体性。后来在布卢姆等人努力下，教学评价指标体系拓展到了认知领域、情感领域和动作技术领域，各领域又分为许多相互联系、相互区别的层次，这样，就把教学评价指标推向立体的多维的方向。然而，这种评价标准还是倾向于具有普遍意义的认知目标或行为目标方面，很难评出教学的个性。交往——发展性教学完整地反映了合理性教学生活的指标，并根据教学生活的实际地位与作用来确定各要素的权重，遵循先整体评价后具体评价的思想方法，如从教学的"真"、"善"、"美"、"效率"等角度来设计全面教学评价指标体系，使教学既符合普遍性的要求，又具有自己的个性化特色。

第二节　中国考试体系的未来

为了保证课程改革的成功，评价考试体系的改革必须同步进行。应辩证地看待传统的考试方法、批判地继承传统考试的优点，要充分利用课程改革的有利时机，对传统的中小学评价考试观进行改革，还要引进相应的现代评价考试理论和方法，树立以激励学生发展，发展学生专长的评价考试观，使用先进的评价考试技术方法，建立与课程改革相适应的评价考试体系，从而更好地促进课程改革的顺利进行。

一、评价考试体系改革的契机

新课程改革给教学改革带来了契机，但随之而来如何进行评价考试的问题更加突出。参与课程改革实验的教师感到最困惑的问题就是如何评价学生，如何进行中小学评价考试。由于改革的时间还比较短，参与实验的区域或学校还只占一小部分，改革的成效需要相当长的时间才能体现，实施课程改革实验的学校在评价考试的系统性和规范性方面仍有待提高。当前基础教育课程改革实验区（以下简称"实验区"）的工作更多的是局部的尝试，没有形成评价考试改革的整体思路，没有找到评价考试改革工作的重点、难点和突破口。由于评价考试改革中的各个环节相互影响、相互制约，局部或孤立的改革往往难见成效，而且由于对评价考试改革缺乏整体的认识，容易在工作中丧失目标，从而难以使改革走向深入，势必影响到课程改革。

因此，在课程改革的同时，同步进行教学评价考试体系的改革已经势在必行。课程改革提供了多种教材、教学大纲，多种课程体系，打破了原来完全统一的局面，从而使评价考试的改革有了更广阔的施展空间和余地。只有建立与课程改革相适应的评价考试体系，课程改革才能真正成功。

二、评价考试体系改革与课程改革应同步进行

客观地说，传统的评价考试体系在一定程度促进了教育的公平性、公正性，节省资源，起码做到了在分数面前"人人平等"，为平民阶层提供了一个改变自身命运的机会。事实上，我国基础教育的质量超过英美等发达国家。许多国家在研究基础教育时，都认为我国的基础教育有许多经验值得借鉴和学习，并在实际工作中予以学习和引进，如考试评价方法等。

当然，任何一种方法或体系，当它成为惟一的评判标准时，就会使其弱点凸显出来。教育教学围着考试而产生了许多问题，它在某些方面并不鼓励创新，从而在一定程度上地扼杀了学生的创造性，培养的学生理论与方法较强，但缺乏动手能力和实际应用能力，部

分出现高分低能的倾向。以升学率或分数作为惟一的标准评判学校的工作，学生的成功，肯定会出现偏差。

因此，应对评价考试体系进行改革，建立与课程改革相适应的新评价考试体系。我们应当做的是全面分析传统的评价考试体系，冷静思考，取精华、去糟粕，在总结传统评价考试方法优缺点的基础上，引进吸收先进理论和技术方法，建立具有可操作性的新评价体系。我们不可能为了推广某种理念或进行某种改革，就割裂历史背景全盘否定、批判某一种理论与方法。在这个评价体系里，必须以促进学生以全面发展为己任，从而激发学生学习的积极性和主动性，让学生能把最优秀、最有特色、最有体会的一面展现在社会、学校、教师家长面前，增强学生学习的自信心，学习的自觉性，学习的兴趣，使他们成为爱学习、会学习，爱生活、会生活的人。

三、建立中小学评价考试体系的原则

教育部《关于积极推进中小学评价与考试制度改革的通知》（以下简称《通知》）是建立中小学评价考试体系的指导性文件。根据《通知》精神，中小学评价考试体系改革要全面贯彻党的教育方针，从德、智、体、美等方面综合评价学生的发展，充分发挥评价考试促进发展的功能。评价考试内容要多元，既要重视学生的学习成绩，也要重视学生的思想品德以及多方面潜能的发展，注重学生的创新能力和实践能力；既要重视教师业务水平的提高，也要重视教师的职业道德修养；既要重视学校整体教学质量，也要重视在学校的课程管理、教学实施等管理环节中落实素质教育思想，形成生动、活泼、开放的教育氛围。评价标准既应注意对学生、教师和学校的统一要求，也要关注个体差异以及对发展的不同需求。评价考试方法要多样，探索科学、简便易行的评价考试方法；评价考试不仅要注重结果，更要注重发展和变化过程；重视学生、教师和学校在评价考试过程中的作用，使评价考试成为教育行政部门、学校、教师、学生和家长共同参与的交互活动。

总之，中小学评价考试体系改革的目标是要建立三个评价体系：以促进学生发展为目标的评价体系；以促进教师职业道德和专业水平提高为目标的评价体系；以提高学校教育质量为目标的评价体系。

课程改革和评价考试改革是教师、学生和家长的共同需求，然而，这个改革是循序渐进的过程，它必须遵循一定的原则。

（一）在理论层面，要解放思想，开拓创新

中小学评价考试改革的根本目的是为了更好地促进学生的发展，改变以前评价考试过分强调甄别与选拔功能，忽视改进与激励功能的状况。突出评价的发展性功能是中小学评价考试改革的核心。评价的功能与教育目标是一致的。突出评价的发展性功能集中体现了"一切为了学生发展"的教育理念。

发展性评价重视评价内容的多样性，关注对非学业内容的评价。学科教学目标不但包括知识和技能，还包括学习过程与方法，情感态度和价值观等非学业内容。后者一方面是学科培养的重要内容，另一方面对于学生的学业成绩也有着至关重要的影响，所以在日常的教学实践和评价考试改革中，必须对学生的非学业方面给予关注。

学生处于不断发展变化的过程中，教育的意义在于引导和促进学生的发展和完善。学生的发展需要目标，需要导向，需要激励。发展性评价为学生确定个体化的发展性目标，不断收集学生发展过程中的信息，根据学生的具体情况，判断学生存在的优势与不足，在此基础上提出具体的、有针对性的改进建议。发展性评价考虑学生的过去，重视学生的现在，更着眼于学生的未来，所追求的不是给学生下一个精确的结论，更不是给学生一个等级分数并与他人比较，而要更多地体现对学生的关注和关怀，不但要通过评价考试促进学生在原有水平上的提高，达到基础教育培养目标的要求，更要发现学生的潜能，发挥学生的特长，了解学生发展中的需求，帮助学生认识自我，建立自信。

（二）在技术层面，要使用各种先进的评价考试模式

应强调评价的过程性并且关注个体差异，关注知识与技能、情感、态度、价值观与过程和方法与整合。这就要求改变将纸笔测验作为惟一或主要的评价手段的现象，运用多种的评价考试方法对学生进行评价。除了纸笔测验以外还有访谈评价、问卷评价、运用核查表进行观察、小论文、成长记录袋评价和表现性评价等。

例如，为了突出评价的过程性并关注个体差异，运用成长记录袋进行评价是必要的。它通过收集表现学生发展变化的资料反映学生成长的轨迹，学生本人在成长记录内容的收集方面有更大的主动权和决定权，能够充分体现个体差异。通过学生活动或完成任务的过程不但能够评价学生知道了什么，评价学生能够做什么。还可以在学生的实际活动中评价学生的创新精神和实践能力，与他人的合作、交流与分享，评价学生的学习兴趣等。

（三）打破单一评价主体的评价模式，建立多元化的评价主体

发展性评价是提倡改变单独由教师评价学生的状态。鼓励学生本人、同学、家长等参与到评价中，将评价变为多主体共同参与的活动，这样一方面提高了他们的学习积极性和主动性。另一方面也提高了他们的自我反思能力在日常教学中。当学生回答问题或小组合作时。教师可以让其他同学或小组给予评价。此外，可以定期让同学和家长在成长记录上对学生进行评价。在实践中，评价者（同

学、家长等）要有一明确的评价目标和标准；另外，在多主体评价，特别是学生互评中要淡化等级和分数，淡化学生之间的相互比较，强调对"作品"的描述和体察，强调品评和反思。

多主体评价对于学生的发展是有利的。首先，进行自我评价能够提高学生的学习积极性和主动性，更重要的是自我评价能够促进学生对自己的学习进行反思，有助于培养学生的独立性、自主性和自我发展、自我成长能力其次，学生对他人评价的过程也是学习和交流的过程，能够更清楚地认识到自己的优势和不足。最后，多主体评价能够从下同的角度为学生提供有关自己学习、发展状况的信息，有助于学生更全面地认识自我。

四、中小学评价考试体系的操作性对策

（一）打破"一次考试定终身"的体制，尝试建立"多考而择其优"的制度

要尝试建立给予学生多次考试机会的体制。只要学生觉得考试结果不理想，就可以申请重考，使考试真正成为促进学生发展的过程。例如英语考试，包括词汇、表达和写作等，一个学生由于没有好好复习。第一次词汇考试成绩很差，学生主动要求重考。在经过充分的准备之后，这个学生的词汇掌握率达到90%以上。因此，在考试中给予学生多次机会，是真正体现评价与考试发展性功能的途径，值得提倡。

当然，对于"多考而择其优"的制度可能会被有些学习成绩好的学生认为不公平："我们一次就考得很好，他们多次才能考好，为什么我们得到相同的成绩呢？"对于这个问题，解决的思路是要淡化分数、等级和相互比较，要强调进步和纵向比较，在学生中树立起考试是考察和检验，更是促进学生学习和发展的观念。

（二）引进现代教育与心理测量理论，建立面向中小学生的试题库

近年来，教育与心理测量理论的发展，使我们建立新的评价考试体系有了更好的理论和方法的选择。现代教育与心理测量理论如项目反应理论，概化理论，都可以通过严格的试测，建立由计算机管理的自适应测验，使学生在测验中能充分发挥个人的才智和最大限度地反映出学生的知识技能。同时，这种评价考试真正打破了统一试卷、统一评分、统一考试时间，使学生多次考试成为可能。并且，不同学生之间的分数都可以采用等值方法予以转换，从而保证评价考试的可比性和公平性。对于中小学教育，可以尝试建立相应的试题库，并在教育测验中使用。采用计算机技术按一定的模式自动组成试卷是试题库系统的一项主要的功能。利用试题库除可完成通常的教育测验外，还可以方便地完成习题集的编制、进行模拟测验和专项测验，从而真正实现考教分离。

（三）建立评价考试的"中介"，把评价考试，特别是考试的功能从学校剥离出来

我们认为，要建立与课程改革相适应的评价考试体系，就要打破评价考试是教育行政部门"专权"的禁区。可以尝试建立一个不受教育行政部门领导的、非营利的评价考试"中介"机构。该机构按照国家的有关法规运作，按照我国中小学教学的要求，主要对中小学生进行知识与能力方面的测试，自主建立试题库，由学生自主选择测试时间和测试次数，学校之间不攀比，学生之间不告知，测试成绩单只向上一级学校提供。这样，使评价考试与学校教育教学分离，使学生有更多的选择。从而真正解放广大教师和学生。当然，"中介"考试评价机构也不是一天就可以建立起来的，有一个市场培

育，行政部门放权，学校逐步认可的过程。但是，这是值得探索的一条路子。

客观地说，以考分和名次作为惟一衡量学生发展水平的现行中小学评价考试制度是素质教育的瓶颈。因此，必须以课程改革为契机，同步进行评价体系的改革，建立与课程改革相适的新评价考试体系。中小学评价考试体系要从德、智、体、美等方面综合评价学生的发展，充分发挥评价促进发展的功能。这就需要我们科学地应用教育学、心理学最新的研究成果，结合我国教育实际，大胆实践，勇于改革，从而逐步建立科学、可行、可操作的、绝大部分人所能接受的评价考试体系。

第三节　中国学生评价体系的未来

一、问题提出

（1）人的个性发展的需要与社会发展的需要。个性是完整的，创造力、想象力等品质是个性健全发展的表现。个性发展包含了社会性的发展，每个人的发展必然带来整个社会的发展，这是个性发展的本质要求，《学会生存》把未来教育的目的规定为："为一个新世界培养新人"，这里的"新人"也就是"完人"。使"把一个人的体力、智力、情绪、伦理各个方而的因素综合起来，使他成为一个完善的人"。这已经是国际社会的共识。

（2）社会主义教育本质的深刻体现。马克思主义关于人的全面发展的理论是我国社会主义教育方针和教育目标的理论基础和指导思想。中国近些年来的发展，深刻的揭示了人的全面发展对建设有中国特色社会主义的重要意义，丰富和发展了我们对社会主义本质的认识，继承和发展马克思主义经典作家关于人的全面发展的理论，明确提出把"促进人的全面发展"作为我们社会主义各项事业追求的目标。理所当然，"促进人的全面发展"更是我们社会主义教育事业追求的目标，也是长期的历史使命。

（3）知识经济时代提出全面发展的人才标准。知识经济时代对人才标准提出了新要求，知识经济时代所需要的人才应具备三大基础：能力基础、思维基础和素质基础。尤其是具备开拓精神、创新精神和建设精神，以适应知识经济时代的生存环境。

（4）传统学生评价改革和发展的需要。传统学生评价观认为，评价是教师管理学生的主要手段，形成对分数的过分追求，不顾学习过程和身心全面发展，过分强调评价的总结性功能和选拔性功能。评价失去个性，评价成了"筛子"，逐步导致了"应试教育"。并使"应试教育"更加走向"片而""极端"，更加偏离了"全面发展"的教育目标和教育方针。因此由"应试教育"向素质教育转轨是历史的必然。全面实施素质教育，就是对传统学生评价制度和理念进行彻底改革，建立适合素质教育的学生评价制度和理念。

（5）基础教育的改革与发展要求建立全面发展性学生评价体系。新课程改革倡导"全人教育"，强调建立"促进学生全面发展的评价体系"，在综合评价的基础上更关注个体的进步和多方而的发展潜能。目前，学校、家庭和社会都期待有一种令人满意的学生评价体系。基于上述认识，而向未来教育，应当建构一种全新的、符合素质教育理念的学生评价观——即全面发展性学生评价观。

二、全面发展性学生评价涵义

全面发展性学生评价概念的提出是根据马克思主义关于人的全面发展学说，顺应国际"全人"教育新潮流，依据而向未来社会对培养人才的新标准和要求，在现代管理科学和素质教育理论基础上，针对我国基础教育学生评价存在"片面"评价导致"片面发展"的弊病等提出的一个新的教育评价概念。它的提出将推动教育评价的思想、理论和方法的创新，将开辟一个崭新的教育评价领域，开拓新的教育评价视野。现对全面发展性学生评价的概念作如下表述。

全面发展性学生评价是依据以人为木的全面发展教育价值观指导下建立的目标体系为基准，运用质性与量化、智力因素与非智力因素相结合的评价技术和方法，解释学生素质发展系统状态变量，对学生的全面素质发展、过程和绩效的价值进行全面判断，使学生不断认识自我、发展自我、完善自我，不断实现全面发展目标过程。它的核心思想是通过全面评价，促进全体学生的全面发展，一切为了全体学生的全面发展，学生评价的标准、内容、方法的手段都要有利于学生的全面发展。这一概念包含以下几层涵义。

（一）"全面发展性"的涵义

"全面发展性"以全面发展为目的，泛指为立体式发展。首先是概念意义的不同：全面发展的内涵是指方方面面、时时刻刻的进步和前进，而不仅仅是某一时刻某一方向的发展，没有局限性，发展方向是全方位的、发展范围是指整个时空。全面发展性绝不是在"发展性"前面加上"全面"而已，在理解这一概念时不能分开理解，它是一个整体性概念。还有一层涵义是在发展过程中"尽量"、"尽最大可能"的发展，而不是留有余地和发展得不够，即全面地促进学生的全面发展、全体发展和充分、生动、活泼、主动发展。

（二）坚持以人为本的全面发展

教育价值观的确立与全面发展性学生评价目标分类体系的制定之间相互制约性的统一。全面发展性学生评价要求建立全面发展性学生评价目标分类体系，它是制定全面发展性学生评价指标体系的基本依据，是实施全面发展性学生评价的纲领性文件。而全面发展性学生评价目标分类体系的建立是受到以人为本的全面发展的教育价值观的制约，反过来说，也是这种教育价值观的外化物，目标分类体系的科学性就证明了全面发展性学生评价的合理性和准确性。因此，科学地实施全面发展性学生评价，必须坚持教育价值观与目标分类体系的统一，教育价值观是全面发展性学生评价的理论指导，目标分类体系是实施全面发展性学生评价的具体操作依据，二者是相辅相成的。

（三）坚持评价过程和评价结论的统一

在传统学生评价中，过分注重评价结果，而忽视评价过程，或者评价过程与结果分离。全面发展性学生评价是不仅重视评价结果，更重视评价过程。全面发展性学生评价的目标是有层级递进性、连续发展性、螺旋提升性，它是由低级到高级渐进发展的过程。由近期目标，发展到中期目标，再发展到远期目标。由"目标—评价—结果—发展"是闭合、循环、螺旋式发展的过程。在一级目标、评价、结果、发展层而上的评价结果，又是一级目标评价结果发展层面的起点和基础……乃至无穷。不论是小过程，还是大过程，评价过程中获取的信息资料的可行性和有效性就决定评价结果的科学性、客观性和实用性。同时，评价结果处理的功能的发挥，也可以证实评价实施过程的真实性和规范性。因此，全面发展性学生评价要坚持评价过程和评价结论的统一。

（四）坚持科学与人文的统一

有的学者指出，在过去的学生评价中，一直存在着两类不同的评价体系：一种是实证评价体系；另一种是人文评价体系。与此对应的运作模式是："指标——量化模式"和"观察——理解模式"。两种评价体系和模式各有优势，也都存在着局限性。我国基础教育评价实践看中的是"指标—量化"操作模式，崇尚机械评价，尤其是随着计算机技术的普及，开始采用现代信息技术为手段的"指标—量化"操作模式，大大提高了"机械评价"的效率，进一步加快了学生评价的科学与人文精神的分离。美国著名学者萨顿曾经鲜明地提出，要建立科学人文主义。那么，科学人文主义是什么？就是"以建立在科学理性基础上的人文精神来规范、统领科学，从而科学与人文彼此关照、相互包容，最终达到二者协调一致，形成你中有我、我中有你的浑然一体的关系。全面发展性学生评价所推崇的是科学人文性，倡导科学与人文的统一。全面发展性学生评价是属于科学人文性评价。它是以科学为基础，以人的自身完善和解放为最高目的，强调人的科学素养与人文素养的辩证统一，致力于科学知识、科学精神和人文精神的沟通与融合，始终倡导"科学的人道主义"。

（五）坚持个体价值与社会价值的统一

全面发展性学生评价是在马克思主义的个体本位论与社会本位论辩证统一的教育价值观指导下，建构的面向未来的一种新的教育评价理论，它追求教育的外在价值和内在价值是辩证统一。全面发展性学生评价强调"以人为本"，关注对人的全部潜能、全面素质的全面评价。实质上，在人的个体价值得以充分实现的前提下，社会价值的评价也自然包含其中。人的个体价值与社会价值是互为条件、互为因果、互为目的的，人的价值与社会价值在发展方向上是一致的。

（六）全面发展性学生评价的最高目标是实现自我发展评价

从马斯洛的需要理论可知，人的最高层次的需求就是"自我实现的需要"，全面发展性学生评价理论充分考虑学生的需要，调动主观能动性，培养自我发展评价的能力。全面发展性学生评价提倡"自我发展评价方法"，它是"自我教育"的一种有效方式。苏霍姆林斯基说："没有自我教育就没有真正的教育，促进自我教育的教育才是真正的教育"。他认为"自我教育"是实施全面发展培养目标的重要一环，"自我教育"的核心是发展和充实学生的精神世界。由此看出，自我教育的意义和作用是何等重要。如果忽视学生的自我教育，那么，对学生所实施的教育就不是全面发展的素质教育，也就不可能培养全面发展的创新性人才，充其量只能造就一些死读书、没活力、全面发展的庸才。因此，我们把全面发展性学生评价的最高目标视为实现自我发展评价。

三、全面发展性学生评价的基本特征

全面发展性学生评价是对学生学习、进步、发展状况的全面评价，是学生在整个基础教育阶段成长变化情的全过程评价，也是素质发展过程中的各个方而的全方位评价。所以全面发展性学生评价的基本特征体现在以下四点。

（一）从"表面到本质"的深刻评价

在传统学生评价中，评价关注的是学生经过死记硬背过的固定式知识掌握的多少和考试分数的多少，而忽视了知识潜在的精神、价值和学生心理、情感、态度、个性发展的评价；学生思想品德评价仅仅关注学生真实的、或是伪装的行为表现，而忽视了心灵深处的兴趣、态度、意志、毅力等非智力因素和精神领域的道德观、价值观、审美观、世界观的评价。全面发展性学生评价将摒弃传统的表面评价方式，实现从"表面到本质"的深刻评价。要全面关注知识内在价值和学生多元智力、个体心理差异，从知识本质属性和人的本质特征上深刻而全面地评价（转变评价与教育、评价与教学、评价与学习分离的学生评价现象，使评价走进教育、教学、学习）。

（二）从"抽象到具体"的目标评价

由于过去狭隘理解教育方针和教育目标，把"培养德、智、体、美、劳等全面发展的社会主义现代化事业接班人和建设者"的抽象目标"高高挂起"，在教育实践活动中仅仅偏重于智育，忽视其他各育，而且在智育评价时，根本不重视非智力因素的开发与评价，使全面发展的教育方针和教育抽象目标在学校教学目标中越走越窄，导致"全面发展目标"变成了"片面发展目标"，彻底失去了原有的性质。全面发展性学生评价特别强调教育抽象目标、教学目标、评价目标的一致性，从教育目标"德、智、体、美、劳等全面发展"，到培养目标"精神、知识、身体、个性、能力全面发展"，再到教学目标"知识与技能、过程与方法、情感态度价值观和能力全面发展"，在目标体系中不论如何分解，都要在目标内容、性质上保持一致性和等同性，最终实现从"抽象到具体"的目标评价。

（三）从"幼儿到高中"的综合评价

严格地讲，幼儿教育不属于基础教育阶段，但是，对于我们倡导的全面发展性学生评价理论来说，幼儿教育阶段学生评价非常重要。因此我们把幼儿教育评价纳入本文研究的基础教育评价的范畴。过去的传统学生评价，往往忽视幼儿、小学生的素质发展评价。

在教学管理方而配备低学历、低素质的教师，以教养、管教为主，很少涉及评价，更谈不上评价意识和方法。只是懂得"最厉害"的纸笔考试、测验等，对学生的心理素质发展、个性素质发展、能力素质发展和精神健全发展等总不过问。并且，从小学、初中、高中的评价缺少连续性和绩效累积性。全面发展性学生评价强调从"幼儿到高中"的综合评价。全面发展性学生评价理论关注多元智力开发、多元目标设定、实施全面评价；严格遵循人的心理发展规律，智能发展、生理发育规律以及特征；重视不同学生、发展阶段的素质发展连续性；强调学生成长过程中的综合素质的全面评价，实施全面评价的综合模式，保证学生素质综合评价的绩效的累积性和有效性。

（四）从"家庭到教室"的全面评价

由教育学角度看，人的成长是学校教育、家庭教育、社会教育三方面相互作用并与主体人互动的结果。然而，传统教育观念认为学生的成长、教育是学校教育的责任，似乎与家庭、社会教育无关。这种错误观念直接影响了学生评价观。认为只有学校教育，才有评价权力。理所当然的教师是学生评价的主宰者，是学生评价的"上帝"，评价成了维护教师尊严的"法宝"。这样，在无形中造成了学校（教师）教育单方面的评价，忽视家庭、社会教育的评价。有时社会评价、家庭评价导向落后于学校评价，有时出现偏差，或者出现矛盾，三方而教育评价没有形成一致的协调性，对人的全面发展造成了严重影响。全面发展性学生评价理论针对上述现象，提出从"家庭到教室"的全面评价。养重强调多元评价主体在学生评价观、价值取向的一致性；强调学校、家庭、社会评价目的、导向的一致性；加强学校、家庭、社会"三位一体"的评价大环境；构建学校、家庭、社会评价三方面价值取向相一致的评价文化。

四、全面发展性学生评价观

《基础教育课程改革纲要（试行）》指出，要建立促进学生全面发展的评价体系。评价不仅要关注学生的学业成绩，而且要发现和发展学生多方而的潜能，了解学生发展中的需要，帮助学生认识自我、建立自信。发挥评价的教育功能，促进学生在原有水平上的发展"。倡导全面发展性学生评价是落实《纲要》精神的具体体现。全面发展性学生评价观，是面向未来的、适应中国教育发展的、具有中国特色的教育评价新理念；是有利于学生身心全面和谐发展的、个性化的、民主的、自由的、全新的学生评价体系；是促进学生身心全面和谐发展，尤其是多元潜能的开发和个性的张扬；重要的目标是培养学生的创新精神和实践能力。全面发展性学生评价观具体表现在。

（一）全面发展性学生评价方向

即一切为了未来全面发展。传统学生评价观具有浓厚的功利色彩，在评价方向上是面向过去的评价，只关注被评价者的现实表现，忽视未来发展；只注重眼前利益，忽视长远利益；只重视外显行为，忽视内在木质。全面发展性学生评价在方向上不仅关注过去、现在，面且要关注其未来发展，它是一种面向终身需求、未来发展的评价制度。它要根据人的不同发展阶段的发展需要，因人制宜，因材施评，充分提供发展条件和机会，为未来终身发展奠定基础。注重人的长远需要，一切为了学生的未来发展，就是全面发展性学生评价方向。

（二）全面发展性学生评价目的

即在于促进全体学生的充分、主动、全面发展。素质教育是全面发展教育，素质教育评价所依据的目的就是教育目的和教育目标。

全面发展性学生评价目的的依据也是教育目的和教育目标，我国教育目的是培养德、智、体、美、劳全面发展的社会主义现代化事业接班人和建设者。在传统学生评价目的中，评价是以奖励和惩罚为目的，根据学生表现和学业考试成绩"分级划等"，评定谁是"好学生"、"次学生"、"差学生"；现时学生评价观中把分数改为等级制，自认为很科学，其实仍在"分级划等"，只要评价是以奖励和惩罚为目的，就不可能实施全面评价，也不可能培养全面发展的学生。而全面发展性学生评价目的是以促进全体学生的全面发展为目的，一切为了全体学生的全面发展，评价不与奖惩相联系，评价是一种心理需要，评价是服务，评价是促进学习的进步，评价是促进一切学生的身心和谐全面发展。在全面发展性评价视野中，没有所谓"差生"，不存在"差生"。只承认中国青少年研究中心赏识教育研究室主任周弘所说的一句话"没有种不好的庄稼，只有不会种庄稼的农民"。在这里，即"没有教不好的学生，只有不会教学生的教师"。学生是"自然人"，充分尊重人性，关注差异，尽可能地调动其全面发展的主观能动性。学生是"社会人"，归属于一定的社会集体和组织，因而有社会、心理等方面的需求。因此全面发展性学生评价要注重学生的精神、社会、心理、个性方面的全面评价。

（三）全面发展性学生评价功能

全面开发、全面激励、全面发展。评价一般具有导向、诊断、激励、改进、选拔、管理等多种功能。传统学生评价过分强调甄别与选拔的功能，忽视了其他功能。为了选拔少数优秀者，热衷于排名次，比高低。按正态分布理论，使绝大多数学生体验不到成功的欢乐，必有部分所谓"成绩差"的学生定位于失败者，自尊心与自信心受到一次一次的打击，评价带来了沉重的精神负担和心理压力，甚至影响一生，注定导致了"片面教育"。全面发展性学生评价，在功能上提倡全面化，由侧重甄别和选拔转向侧重全面发展；由总结性功能转向形成性功能。体现以学生全面发展为本的素质教育价值取向，不是把学生分为"三六九等"，而是让学生充分开发潜力，在原有水平上获得实实在在的发展，用全部的"爱"来关注全部的学生，通过全面激励，使学生都能成为成功者，最终使全体学生得到全面发展。因此，全面发展性学生评价的主要功能是全面开发、全面激励、全面发展功能。

（四）全面发展性学生评价内容

精神、知识、身体、个性、能力。传统教育观的狭隘性、片面性导致了学生评价观的狭隘性和单一性。只注重某几方面的发展，忽视其他，以偏概全。片面重视短期效应的应试指标，片面重视智育，轻视其他各育，重知识轻能力，重分数轻素质，如身体素质、心理素质、创新精神、实践能力、健全人格等，导致学生畸形发展。

全面发展性学生评价，在内容上，注重多元性、丰富性、灵活性、全面性和综合性，因适而定、因需而定。强调对学生在各个方面活动和各个阶段发展状况的全面关注；突出学生的主体性地位，学生是一个"完整的人"，他（她）具有多元潜能和多种需要；强调从德智体美劳等各个方面去全面评价，要注重学生综合素质的考察，不仅关注学业成绩，而且要关注学生的创新精神和实践能力的发展，以及良好的心理素质、健康的体魄、浓厚的学习兴趣、积极的情感体验、人际关系能力、较强的审美能力等方面的发展。为了表达上述原则和观点，更好地落实全面发展的教育方针和培养目标，便于参与国际教育竞争，全面发展性学生评价内容为学生的精神、知识、身体、个性、能力五方面素质的全面发展。通过对上述五方面的全面评价，在全面了解学生发展的基础上，进行有效指导，真正促使全体学生得到全面发展。

（五）全面发展性学生评价标准

多维、多元、灵活、立体。评价标准是确定学生发展状况和发展水平的衡量尺度，也是进行价值判断的逻辑前提和实施依据。从制定评价尺度途径的角度，通常将评价标准分为：相对标准、绝对标准和个体标准。传统学生评价观认为在评价标准上采用相对标准，它能够依据学生学业成绩在学生群体中所处的位置来判断他的优胜劣汰。过分强调相对标准，引起激烈竞争，加剧两极分化，给学生心理上带来对评价的焦虑和恐惧，这样使教育偏离了既定的目标，不利于全体学生身心的全面和谐发展。全面发展性学生评价观，在标准上体现多维、多元、灵活、立体等特点，提倡以绝对标准为主，绝对标准、相对标准和个体标准相结合的多元、立体结构。绝对标准所衡量的是学生是否达到教育目标及目标的达到程度，不主张筛选和同学之间的横向比较，主张与自己的纵向比较。个体标准是根据学生的不同人格特点、不同能力倾向制定的，与他们自身可能获得的最大发展相联系的标准。多维是指绝对标准分为多个维度，如分为知识与技能、过程与方法、情感态度价值观和能力发展等维度；多元是指每一个维度中的标准都有一个由低到高的渐进层次；灵活是指根据学生不同发展阶段的评价需要，灵活、合理、科学运用绝对标准、相对标准和个体标准；立体是指学生不同发展阶段的不同标准组合结构。全面发展性学生评价倡导在幼儿、小学阶段采用绝对标准；初中阶段采用绝对标准＋个体标准；高中阶段采用绝对标准＋相对标准＋个体标准。这种多维、多元、灵活、立体的评价标准，既能关注学生个体差异以及发展的不同需求，又能促进全体学生的全面素质的提高，保证学生个体的全面发展。

（六）全面发展性学生评价过程

全程、全息、动态化。长期以来，在片面追求升学率的影响下，对学生的评价仅重视凝固、静止在某一点上的总结性（期中、期末、升学、各级统考）的结果评价，而轻视过程评价。对教学过程、学习过程、发展过程却无任何评价。把学习方法、策略的选择、运用、思考和推理的过程、情感态度价值观的形成过程以及其中涉及到的非智力因素等都忽略于评价范围之外。这就是传统学生评价所持的过程观。而全面发展性学生评价则关注的是学生的整个学习、发展变化的全过程，突出形成性评价，把诊断性评价、形成性评价和总结性评价有机地结合起来；把活动前、活动中和活动后的评价结果结合起来；把大过程和若干个小过程的评价目标有效地结合起来，形成对学生发展的全程、全息、动态化评价。评价是一个不断发展变化的过程，评价渗透于教的过程、学的过程以及发展过程，必须掌握全部发展信息，及时做出每一时、每一段的评价，在无数个评价结果的积累基础上，以发展视角做出全程的全面评价。全面发展性学生评价认为评价重心由"结果"移向"过程"，并不是忽视结果，而是把每一个小"结果"视为一个"新起点"，向更高的水平寻求发展。同时强调评价结果的反馈以及对评价结果的认同和对原有发展状态的改进。

（七）全面发展性学生评价主体

民主参与、多边互动、内外结合。传统学生评价的评价主体是比较单一的，一般是教师评学生，教师是评价的主宰者、权力者，学生是被动的接受者、义务者。缺乏学生、同学、教师、家长和社区的民主参与；缺乏学生——学生、学生——教师、学生——管理者、学生——学校、学生——家长、学生——社区的多边互动；缺乏学校内部和外部评价的有机结合。而全面发展性学生评价观则首先树立学生的主体地位，实施多元主体评价，重视自我发展评价，强调评价主体的民主参与、多边互动、内外结合。

全面发展性学生评价认为，评价者和被评价者都是平等的评价主体，双方是平等、互惠、协作的民主关系，评价过程是主体间的自愿选择、相互沟通和心理协商的互动过程。对于学生的主体地位要给予高度重视，关注他（她）的现状和需要，充分尊重个体差异，拥有密切参与的权力，有对评价方案提出意见和建议的资格，也有对评价结果提出申辩和辩解的权利，凡是有利于评价的高行都要给予支持，充分调动学生的学习主动性和积极性。外部评价是他人评价，在这里指学校教育外部对学生的评价，包括教育部门评价、非政府评价、家长评价和社区评价；内部评价是指学校教育内部对学生的评价，包括学生自评、同学互评、小组评价、教师评价、管理者评价、学校评价。全面发展性学生评价观有一个重要目标就是实现自我发展评价，通过自我完善，实现自我全面发展的目的。多元评价主体的一个共同的指向性任务就是促使学生逐步学会自我监控、自我调整、自我改进和自我完善，不断提高自我发展评价能力。全面发展性学生评价把外部评价和内部评价、目标评价和主体评价有机结合起来，充分发挥多种评价主体力量，让个体、同学、教师、管理者、家长、社会成员都积极参加到评价活动中，使学生评价成为一个全员民主参与、全体多边互动、全面促进发展的系统过程。

（八）全面发展性学生评价方法

多样、灵活、全面、有效。传统学生评价观所崇尚的是量化评价，这种量化评价把复杂的教育现象僵死化、简单化和表面化，或者只评价简单的教育现象，它不仅无法从本质上保证对客观性的承诺，而且往往失去了教育中最有意义、最根本的内容，如心理素质、健全人格、合作精神、创新精神和实践能力等，最终扼杀学生的个性和创造性。全面发展性学生评价，在方法上提倡多样、灵活、全面、有效。多样性是指针对学生个体在不同发展阶段的个性差异、表现特征采用不同的评价方法和策略；灵活性是指针对学生个体对同一教育评价现象灵活选择不同的评价方法和策略；全面性是指把质性评价和量化评价结合起来，以质性评价统整量化评价；有效性是指针对学生个体在不同发展阶段采用评价方法的连贯和持续，提高评价方法的总体效益和质量。在操作上，强调多层多元化考试，综合素质评价，质性档案贯通，培养自我发展评价能力，促进全体学生全面发展。全面发展性学生评价提倡科学考试，要灵活运用多种考试方式，创造多种多样的成功机会和途径。将开卷和闭卷相结合，笔试、口试与面试相结，实践操作与各类作业相结合，鼓励学生展示自己的成绩，积极引导学生勇于探索和创新。拓宽考试内容，紧密联系社会实践，培养创新精神和实践能力。对考试结果的处理，针对不同学习阶段的学生采取不同处理方式，小学阶段提倡"全优＋特长＋评语"；初中阶段提倡"等级（素质学分）＋特长＋评语"；高中阶段提倡"等级（素质学分）＋特长＋评语"。初中和高中阶段全面推行"素质学分制"。在基础教育阶段质性档案贯通，从小学开始启用，直至高中毕业，最后综合评价出素质总分与等级。档案袋评定就是收集学生个人的学习作品建立档案，是对学生的发展情况进行个人的纵向评价。这里提出的质性档案是综合素质评价的学生素质发展记录袋。能够给大学录取和学生在大学发展提供具体依据，包含对学生精神、知识、身体、个性、能力等方面的素质进行的全面评价。

第四节　中国教育改革构想

《国家中长期教育改革和发展规划纲要》（以下简称《规划纲要》）提出了今后10年我国教育改革与发展的方针，即"优先发展，育人为本，改革创新，促进公平，提高质量"，确立了教育发展的战略目标："到2020年，基本实现教育现代化，基本形成学习型社会，进入人力资源强国行列。"

贯彻教育改革与发展的总方针，实现2020年教育发展的战略目标，必须对各级各类教育的管理体制、课程教学、人才培养模式、考试评价等诸方面进行改革。而任何改革，都要受一定的观念制约，以一定的观念为先导。国家中长期教育改革是整体的、全方位的改革，教育体制、课程教学、人才培养、考试评价的改革措施不同，指导相应改革的观念也不同，但不同的改革措施和观念，必须有同一的教育哲学观。教育哲学观不同于具体的教育观念，它是具体教育观念的根基，具体教育观念是教育哲学观在不同教育领域和教育改革行为中的体现。只有基于同一的教育哲学观，才能使改革成为一种系统的、整体的改革，才能保证教育改革措施和教育观念的一致性和系统性，而不至于使教育改革的观念相互矛盾与冲突。所以，我们今天在探讨教育改革措施和教育观念变革的时候，不能忽视在更深层次上寻求教育改革与发展的哲学观。

考察新中国教育的发展，尤其是近30多年来中国教育改革的发展方向，我们看到，教育的根基从关注"社会"开始转向"人"。

《规划纲要》把"育人为本作为教育工作的根本要求",作为教育改革与发展的核心。"育人为本"越来越成为当代教育工作者的共识,也预示了当代和未来中国教育发展的方向。"育人为本"呼唤着教育真正地回到"人",回归"真实的人",这不仅是落实科学发展观"以人为本"的要求,也是对教育本质的正本清源、教育对"人"的回归教育对"人"的发现和认识,在新中国经历了一个曲折的过程。

新中国建立之初,教育被定位为"上层建筑";改革开放后,教育又被定位为"生产力"。无论是把教育作为"上层建筑",还是作为"生产力",两者在性质上是相同的,都是把教育作为社会的一种工具,以工具来要求教育,泯灭了教育自身的特性。工具论立场下的教育,远离了"人"的发展与成长,关注的只是人的工具性一面,而非一个"真实的人"。

20世纪80年代末90年代初,随着改革开放的思想解放,人的问题引起教育界的重视。理论界开始认识到,教育的出发点是人,有目的地培养人,才是教育的根本所在。但我们对"人与社会"关系的认识还局限于"社会决定人"的观点,教育因此就是按照一定社会的要求对受教育者施加影响,按社会的要求规定人的发展方向,培养符合一定社会需要的人。

应该承认,对教育的认识从"上层建筑"、"生产力",到"培养社会需要的人",是一个历史的进步,它表明教育的轴心开始从"社会"向"人"转换,教育由工具性向本体性转换。但这种转换是不彻底的。因为以社会的要求塑造人,培养的是一个被动"适应"社会的客体。"适应论"的教育使人们错误地认为教育完全由社会现实所决定,只能被动地迎合和适应社会,以社会现实要求教育,培养复制现实社会的人，没有正确认识到人对现实社会改造和超越的一面，使教育在根本上放弃了培养创造性和超越性主体的期待，它只把学生紧紧地捆绑在不合理的社会现实、不合理的教育体制和教育实践中，迫使他们去适应种种不合理的生存状态，适应种种不合理的教育。当今，人们无不批评"应试教育"和"学生课业负担过重"，却又无不使自己的学生和孩子接受"应试教育"，"背上沉重的负担"，这种状况在根本上就源于"适应性的观念"，所谓"个人改变不了社会"就是如此。适应性教育期待的是人对社会的适应，而不是人对社会的超越。正如鲁洁教授所说，适应性教育是一种病态的教育。我国教育不能很好地培养出创造性人才，不只是教学方法等枝节问题，根本上与适应性教育所塑造的被动性人格有关。

新世纪，随着国家发展战略的调整，从单纯追求 GDP 的增长，转变为建设以提升全体人民幸福生活为核心的小康社会；从单一的经济增长，转向经济社会的全面科学发展。科学发展观的提出，明确了我国经济改革与发展的思路，是指导我国经济社会发展的根本指导思想。科学发展观的核心是"以人为本"，把"依靠人"作为发展的根本前提，把"提高人"作为发展的根本途径，把"尊重人"作为发展的根本准则，把"为了人"作为发展的根本目的。

在科学发展观的指导下，社会发展的目的是人的发展，是"为了让人民生活得更加幸福、更有尊严"。教育为社会发展服务，不再是作为社会政治、经济的工具，而是通过提高全体人民的素质，促进人的全面自由发展而服务于人的生活质量的改善和小康社会的建设。所以，促进人的自由全面发展，既是小康社会建设的目标，也是教育的主旨所在。教育只有面向真实的人，才能把社会的要求与人的发展统一起来，把教育促进人的发展与为社会发展服务统一起来、认识一个"真实的人"。

在教育发展的历史中，不仅存在以上分析的"工具人"，而且还存在着抽象的、完美的、终极者，他们是"怪人"、"君子"，具有"完美人格"。这种人是为人们期望的"真正的人"，但不是一个"真实的人"。按照马克思主义的基本观点，人总是具体、现实的人，而不是抽象、虚幻的人。具体、现实的人总是存在于一定的时空之中，生活在特定现实中的不完善、不确定的"普通人"。完美的终极者，只能是抽象的、可望而不可即的"乌托邦"。教育的对象是真实的个体，因此，我们必须以平常心（而不是完美的理想主义、浪漫主义），回归真实的普通人。

（1）真实的人是一个"现实的具体人"。"现实的具体人"是针对虚构的抽象人而言的。抽象的人是近代人本主义理论对人的理解方式，把丰富的人性单一化，集结成一种或几种规定性。基于抽象的人性观，关注的只是人性的共同性。人固然具有共同的人性，但它隐含在个体的发展之中，"具体个人是既有唯一性、独特性，又在其中体现着人之普遍性、共通性的个人，是个性与群性具体统一的个人"。（叶澜）我们必须走出传统人本主义教育抽象的人性观，回归到一个具体的人、一个鲜活的生命体。

（2）真实的人是具有差异性的人。真实的人是具体的而不是抽象的，就在于"你是你，我是我，我与你不同"。这种不同，标志着人的差异性。没有人的差异性，就没有具体、鲜活的生命个体，差异是人作为"这一个"的标志，是真实人的特征。正是这种差异性，人与人之间才呈现出丰富多彩的生命特征。抽象的人和工具人，都以单一的人性作为终极的统一标准，抹杀了个体生命的丰富性。教育的对象是具体的，要求教育必须承认差异，正视差异，从差异出发。

（3）真实的人是具有平等权利和尊严的人。真实的人，是独特的人，每个人都不可能被他人所置换或取代，因此，每个人都应该是平等的，没有高低贵贱之分。现代社会的公民，无论性别、年龄、民族、宗教信仰、财产、天赋、才能等，仅仅因为"他是独特的"这一最基本、也最神圣的事实，都应该拥有平等的作为人的"尊严"和"价值"。公民之间具有平等的权利，公民依法自由行动，政府、社会和他人均不得歧视。公民是现代社会的普通人，不是"怪人"、"伟人"和"英雄"；公民是自由、民主、和谐社会中具有独立人格的真实人，而不是为特定社会所钳制的被动的"工具人"。因此，教育要给人以尊严，应该赋予人平等的教育权利和均等的教育机会。

（4）真实的人是全面、完整的人。抽象的人，把人性归为某个单一的方面，或理性，或非理性，或自然性的肉体，或精神性的灵魂，把人的生命简单化。工具的人，往往根据特定社会的需要，突出社会要求的某方面的人性，扭曲了完整的人性。人的自然状态不可能是政治人、经济人、精神人、理性人，之所以出现单一的形态，是因为我们的教育片面地培养和发展了某方面的人性、现实中的人都是丰富的、完整的人，肉体与精神、理性与情感、社会性与个性等，完整地体现在个体的发展上。当代及未来教育，就是要努力打破人的发展的片面性，丰富和完善人的发展，使人既有健全的身体，又有丰富的精神；既有理性的思想，又有人文的情怀；既有符合社会要求的一面，又有变革社会的一面；既有共同的社会性，又有独特的个性；只有这样的人，才是全面发展的社会主体。

（5）真实的人是具有主体性的人。主体性作为独立自主性、自觉能动性和创造超越性的表现，既具有历史性，又有个体性。历史地看，人类发展经历了从古代社会无个人的主体性，到近代社会以物的依赖为基础的个人主体性，从单子式个人主体性到主体个性的发展。就个体生命而言，个体生命的有限性，使人必须通过实践活动来弥补自身的不足，在这个意义上，人是自我的生成者，是自我发展的主体。个人主体性的发展受社会发展水平的制约，当代社会的市场经济和民主政治改革为发展人的主体性提供了要求和可能，教育必须把人视为主体，不仅是个人发展的主体、教育活动中的主体，而且是社会发展的主体；必须通过主体教育，促进人的主体性发展，培养人的主体性、超越性人格，使人成为变革社会、推动社会发展的主体基于"真实的人"的教育观。

人是教育的对象，教育的对象是人。基于人的教育，必须以人为出发点，在教育中把人当作人，促进人的发展。为此，我们必须基于真实人的特性，确立"育人为本"的教育观。

1. "人是目的"与"育人为本"的本质观

科学发展观坚持"以人为本"，胡锦涛同志指出："坚持以人为本，就是要以实现人的全面发展为目标。"这意味着在社会发展中，人是目的。

"人是目的"至少有两种含义：第一种，社会的发展必须有利于人的发展，促进人的发展。第二种，是指在人与人之间的关系中，每个人都是目的，不是他人的手段。这就是康德所说的"你的行动，要把你自己人身中的人性，和其他人身中的人性，在任何时候都同样看作是目的，永远不能只看作是手段"。每个人作为一个独特的生命体，都具有绝对的自足的内在价值。因此，每个人都是主体，人与人之间是主体间的平等关系，而不是支配与被支配的主客体间关系。

"人是目的"，意味着我们必须从人出发，站在人学立场上认识教育，确立"育人为本"的教育本质观。在"教育应该是什么"这一本质问题上，我们必须认识到，教育既不是上层建筑，也不是生产力，而是一种培养人的社会活动。作为培养人的活动，它不是以社会为出发点，不是把人作为社会的客体来塑造，而是以人为出发点，把人作为社会的主体来培养，因此"教育是直面人的生命、通过人的生命、为了人的生命质量的提高而进行的社会活动"（叶澜）、"教育是人之自我建构的实践活动"（鲁洁）。这并不否定社会对人的制约性，而是要改变人与社会关系中人的被动局面，确立"人是社会主体"的观念。"育人为本"是"以人为本"在教育中的根本体现，它强调教育要把人的发展放在首位，要真正地为人的全面发展服务。

"人是目的"，意味着我们对教育价值的评量，应该以人的价值为基点，人的发展应该作为一切工作的出发点和落脚点，是检验教育事业成败的唯一尺度。教育固然为社会主义建设服务，但这种服务不是直接使教育充当政治、经济的工具，而是通过促进人的发展、提高全民族素质来实现。对教育地位的认识，必须从"教育救国"转向"人才强国"，"中国未来发展、中华民族伟大复兴，关键靠人才，根本在教育"。我们必须在提高国民素质、促进人的全面发展的意义上，认识"教育优先发展"的战略意义。

教育以人的发展为内在追求，而不是作为政治、经济的工具，意味着我们必须以人之发展的逻辑去运作和管理教育，减少政治、经济对教育的直接干预，正如温家宝总理在主持《国家中长期教育改革和发展规划纲要》讨论时所指出的："要落实和扩大学校的办学自主权。改变教育的行政化倾向。"要尊重教育的规律，转变政府与学校的关系，坚持管办分开，明确政府的职能与管理权限，使政府对学校由管理转变为服务，逐步取消学校的行政关系，使学校真正能够依靠教育家办学，发挥教师的主导作用，教书育人。要改变行政对教育的划一管理，遵循教育规律、人才成长规律，推进校本管理，形成多元化的办学模式，使每所学校都能办出特色。

2. 权利和尊严的平等性与教育的公平观

人是目的，意味着每个人都是目的。每个人都具有平等的权利和尊严，这是民主社会的基本价值。权利和尊严的平等性，构成了教育公平的价值基础，它要求教育要公平地面向全体，努力"办好每一所学校，教好每一个学生"，使"人有所学、学有所教、教有所成"。

教育公平不仅是最基本、最重要的社会公平，而且是社会公平的基础，是人生公平的起点。教育公平通常包括教育权利平等和教育机会均等两个方面。教育权利，尤其是义务教育的权利，是保证一个人生存和发展的基本人权，必须不论个体的外在身份差异以及内在的发展差异，依法保障公民受教育权利不受任何社会的排斥和歧视，平等地赋予每一个人。社会主义制度在保障每个公民享有平等的教育权利后，公平的关键是机会均等。教育机会均等是要为每个人享受某种教育提供同等的可能性。

我们有时会把教育公平当作"教育平等"，在这个意义上实现"完全一样"，这种绝对的平等只适合于教育权利，教育权利是基于人的尊严的基本权利，是一项基本的人权，必须人人平等，国家必须尊重和保障每个公民平等的受教育权。但是，教育机会均等不同于权利的平等，它不是一种绝对的平等，而是一种比例的平等，一个人享有教育资源的多少，应该与其才能成正比。机会均等使每个人都有享受某种教育的同等可能性，这并不等于使其必然享受到某种教育，它只是提供了平等享受教育的机会。个体的教育资源的分配应该以程序公平为基准，以才能为主旨，根据其才能赋予其不同的教育资源。任何根据地域、身份等外在特征对教育资源的分配都是对教育公平的歪曲。

教育公平的根本旨归是个体发展上的公平，教育资源的分配必须以服务于个体发展的公平为目标，我们不能把教育资源作为"福利"平分，作为附属于政治经济的"礼物"赠送于人。教育公平不是平均主义，在维持基准平等和程序公平的基础上，要有利于优秀人才，特别是拔尖人才的培养。人的发展是有差异的，基于人的发展的教育公平必然是一种差异的公平。从本质上认识公平，公平就是"得其应得"。教育公平就是根据个体发展的不同给予其"应得"的资源。教育在区域、城乡之间可以推进均衡发展，但在个体之间不应该均衡教育资源，更不是千篇一律，它不符合个体发展差异性的要求基于人的差异的教育，是个性化的教育，也是最公平的教育。

3. 人的完整性与全面发展的素质教育观

素质教育是当前中国教育改革与发展的主题。我们对素质教育的认识经历了一个不断探索的科学化过程。

素质教育最初是 20 世纪 80 年代中期为纠正片面追求升学率，作为"应试教育"的对立面而出现的。针对片面追求升学率的"应试教育"，国家及时提出"素质教育"的思想，试图矫正基础教育发展中的问题。

这一背景下对素质教育的认识，具有一定的工具性。如果按照这一认识，素质教育只是缓兵之计，一旦"应试教育"问题解决了，素质教育也就不需要了。

今天我们对素质教育的认识，不能仅仅停留在解决"应试教育"问题上，必须提到人的全面发展的高度。1999 年 6 月，《中共中央国务院关于深化教育改革全面推行素质教育的决定》指出，全面推进素质教育，培养适应 21 世纪现代化建设需要的社会主义新人，素质教育的重点是培养学生的创新精神和实践能力。这一界定虽然肯定了素质教育要指向人创新精神和实践能力的发展，但没有在人的全面发展的基础上认识素质教育的内涵。在全面发展的基础上认识素质教育，正如教育部"素质教育调研课题组"所指出的，"素质教育就是培育、提高全体受教育者综合素质的教育。它以促进人、社会、自然的和谐发展为价值取向，以德智体美劳全面发展的合格公民为培养目标"。"关注人的发展是素质教育的灵魂、核心和目标。素质教育注重在教育过程中把人的全面发展放在中心地位，注重人的整体素质的全面提高、个性的发展以及创新精神和能力的提高"。

我们不能把素质教育简单地归结为诸如"减轻学生负担"、"避免应试教育"、"培养学生创新能力和社会实践能力"等某个局部问题，局部问题固然是素质教育必须面对的、也是急待解决的问题，但本身不能作为素质教育的全部。素质教育的根本是为了促进人的素质的全面发展。例如对文理分科的讨论，都以素质教育为标榜。赞成文理分科的人，是为了减轻学生的负担，落实素质教育；反对文理分科的人，是为了培养学生的综合素质。两种主张好像都立于素质教育，但对素质教育的认识不同。其实，站在促进人的素质全面发展的立场上，要不要分科根本不是一个问题，问题是怎样改革考试和评价制度？既不增加学生的负担，又有利于学生的全面发展。这是一个技术操作的问题，不是根本的问题。

4. "人是主体"与主体教育观

人是主体，既是个体生命发展的内在特性，也是当代社会对人的要求。长期的封建宗法社会和高度的计划经济模式，压制了人的主体性，教育也只能按照既有的社会规定性，复制社会要求，培养适应性人格。改革开放确立的市场经济体制，极大地解放了人，激发了人的主体性，为教育培养社会主体提供了可能和必要性。

20世纪80年代以来，"人是主体"的观念在教育中经历了不同阶段的认识。从20世纪80年代中期讨论"教育过程中的主客体关系"，到90年代把主体性作为当代人发展的重要目标，提出培养学生的主体人格，发展学生的主体性品质。今天，学生主体的观念已经成为教育界的共识，并伴随着新课程，全面渗透在教育教学改革的各个方面。

主体教育的观念，有三个层次：首先，树立学生主体的观念，把学生看作发展的主体、教育活动的主体。只有树立学生主体的观念，才能够在教育过程中尊重学生，给学生提供自主自由的活动空间和机会。其次，把学生主体的观念体现在教育教学的全部过程中。确立课程的经验观、建构观，教学的活动观、生成观、对话观，管理的自主观、自我教育观等，把发展的主动权还给学生，使学生真正成为教育的主体。只有学生处于主体地位，才是真正的主体教育，才能发展学生的主体性。最后，主体教育落实在目的上，在教育过程中发展学生的独立自主性、自觉能动性、创造超越性，培养学生的独立人格、创新精神和社会实践能力，使之不只是适应社会，还要超越社会，创造新的社会，成为社会发展的主体。正如联合国教科文组织在《学会生存》中指出的，当代教育必须"为一个尚未存在的社会培养新人"。

5. 个体的差异性与个性化教育观

人性具有共同性，但更具有差异性。共同性是人之为人的根本，是人与动物的区别；但差异性是一种个体性，是人与人的区别。教育的对象是人，但不是抽象的人性，而是鲜活的、具体的生命。传统教育的问题，就是忽视学生与学生之间存在的个别差异，以统一的教学目标、统一的内容、统一的进程安排"规训"所有的学生，把学生视为"标准件"去塑造教育以真实的人为对象，必须使教育适合每个差异的个体，创造个性化的教育。

对个体而言，"适合"是选择教育的最高标准。什么是好教育，其实，对每个人来说是不同的，只有适合自己的教育，才是最好的教育。人与人之间是有差异的，家长、教师、学生要以平常的心态，认识学生的特点与能力，优势何在，不足何在；适合做什么，不合适做什么。大家都朝着一个极高的目标迈进，这不是实事求是的做法。教育中的很多问题，如奥数热、择校风，大多源于家长一种不切实际的过高心态，对于自己的孩子没有一个正确的认识和定位。遏制"择校热"，需要家长以平常心看待自己的孩子，对他们有一个合理的期望和定位；需要我们的学校办出特色，使"择校"成为学生依据自身特点，寻找适合自己学校的过程，把学生特长的培养与选择特色学校统一起来。

真正的教育是个别化的教育，但回到古代的个别教育，是不可能的。今天的教育，必须给学生提供多种选择机会，使他们依据自身的发展和个人的心性，选择适合自己的教育。中国教育的一大问题，就是政府对学校管得过多、过死，学校缺乏自主性，千篇一律、千校一面，学校没有自己的特色。所以，教育改革必须还学校以发展的自主权，推进培养模式多样化，鼓励学校办出特色。只有特色化的学校，才会给学生更多的选择和个性发展的机会，满足不同潜质学生的发展需要。

特色学校建设，是实施个别化教育的一个方面，个别教育的另一个方面就是要增加学生的选择性。在课程设置上，增加选修课程、校本课程，甚至可以设置"课程超市"；在教学中实施分层教学、分类指导、因材施教；在评价上建立多元评价体系，实施高校自主招生、分类入学考试、多元报考、双向选择的模式，建立健全有利于专门人才、创新人才选拔的多元录取机制。只有在课程建设、教学方式、人才培养、考试评价等方面给学生更多的选择，才能够使教育真正地走向个体。

总之，当代中国教育的发展已经逐步从社会转向人，这是极大的进步，也预示着中国教育未来发展的方向。当今和未来中国教育的发展，必须坚持"育人为本"，把促进人的全面而充分、自由而和谐、独特而富有创造性的发展作为教育工作的出发点和归宿，作为检验教育事业成效的唯一标准。